Inhalt

Einführung

Dieser Sprachkurs ist für das *Selbststudium* gedacht; er setzt keinerlei Sprachkenntnisse voraus und will Sie in unterhaltsamer Weise auf Ihren Griechenlandurlaub einstimmen.

Begleiten Sie das Urlauberpaar Marianne und Peter auf ihrer Entdeckungsreise durch Griechenland, schließen Sie Freundschaft mit Jannis, Thomas, Maria und vielen anderen – und lernen Sie dabei, wie Sie sich in allen wichtigen Urlaubssituationen sprachlich zurechtfinden können!

Der Kurs vermittelt Ihnen *lebendige, gesprochene Alltagssprache,* mit deren Hilfe Ihnen der Kontakt zu Land und Leuten leichtfallen und noch mehr Freude bereiten wird.

Griechisch gehört zur Gruppe der indogermanischen Sprachen, wie z. B. auch Englisch, Italienisch und Russisch. Es ist die älteste Kultursprache Europas und erlebte schon vor 2400 Jahren seine erste klassische Epoche.
Natürlich hat sich seit dieser Zeit die Sprache sehr verändert, aber das heutige Neugriechisch kann auf das Altgriechische zurückgeführt werden.
Das Erlernen der neugriechischen Sprache bereitet keine großen Probleme, da es viele grammatische Parallelen zur deutschen Sprache aufweist.
Selbstverständlich ist die Schrift völlig anders, aber daran gewöhnt man sich relativ schnell. Zur Erleichterung haben wir die *Lautschrift in allen 20 Lektionen* beibehalten.

Dieses Lehrbuch macht Sie mit den wichtigsten Gesetzen der griechischen Grammatik und Lautlehre vertraut; die »Bausteine«, aus denen sich viele Wörter und Sätze bilden lassen, werden *Schritt für Schritt* vorgestellt und *leicht verständlich* erläutert. So lernen Sie ganz spielend modernes Griechisch kennen und sprechen.

Die 20 Lektionen sind nach dem folgenden Grundschema aufgebaut: Sie finden nach den *Lesestücken in griechischer Sprache* den jeweils neu dazugekommenen *Wortschatz* (insgesamt rund 1000 Wörter und Wendungen).

Dann folgt eine *deutsche Übersetzung,* die sich eng an den griechischen Text anlehnt. (Sie sollten sich deshalb nicht wundern, wenn es ab und zu etwas »holprig« klingt – griechische Sätze sind nun einmal anders gebaut als deutsche.)

Es folgt ein *Grammatikteil,* der Ihnen nach und nach die wichtigsten Strukturen des Griechischen vermittelt.

Der jeweils eine Lektion abschließende *Übungsteil* ermöglicht es Ihnen, Ihr neu erworbenes Sprachwissen zu testen und aktiv zu beherrschen.

Zur Lernkontrolle finden Sie ab Seite 180 einen *Schlüssel zu den Übungen.* Im Anhang ist außerdem ein *Grammatikregister* enthalten.

Besonders hilfreich für den problemlosen Selbstunterricht sind auch das *Verzeichnis der grammatischen Fachausdrücke* (Seite 15) und ihrer Bedeutung sowie die leicht verständliche, durchgängig beibehaltene *Lautschrift.*

Viel Spaß beim Lernen und der »praktischen Nutzanwendung« Ihrer neu erworbenen Sprachkenntnisse während Ihres nächsten Griechenlandurlaubs!

Autorin und Verlag

Das griechische Alphabet

Druckschrift		Buchstabenname	Lautschrift	Beispiele
α	Α	álfa	*a*	Ἄννα *(Ana)*
β	Β	wíta	*w*	Βάσω *(Wásso)*
γ	Γ	ghámma	*j/gh**	Γιάννης *(Jiániß)*
δ	Δ	dhélta	*dh*	Δημήτρης *(Dhimítriß)*
ε	Ε	épsilon	*e*	Ελένη *(Eléni)*
ζ	Ζ	síta	*s*	Ζαχαρίας *(Sa~~ch~~aríaß)*
η	Η	íta	*i*	Ηρώδης *(Iródhiß)*
θ	Θ	thíta	*th*	Θωμάς *(Thomáß)*
ι	Ι	jóta	*i*	Ιάκωβος *(Iákowoß)*
κ	Κ	kápa	*k*	Κώστας *(Kóßtaß)*
λ	Λ	lámdha	*l*	Λάμπρος *(Lámbroß)*
μ	Μ	mi	*m*	Μαρία *(María)*
ν	Ν	ni	*n*	Νίκος *(Níkoß)*
ξ	Ξ	xi	*x*	Ξένια *(Xénia)*
ο	Ο	ómikron	*o*	Ὅμηρος *('Omiroß)*
π	Π	pi	*p*	Πηνελόπη *(Pinelópi)*
ρ	Ρ	ro	*r*	Ρίτα *(Ríta)*
σ, ς	Σ	síghma	*ß*	Σοφοκλής *(Sofoklíß)***
τ	Τ	taf	*t*	Τάσος *(Táßoß)*
υ	Υ	ipsilon	*i*	Υψηλάντης *(Ipßilándiß)*
φ	Φ	fi	*f*	Φώτης *(Fótiß)*
χ	Χ	chi	*h/~~ch~~**	Χρήστος *(Chríßtoß)*
ψ	Ψ	psi	*pß*	Ψυχάρης *(Pßi~~ch~~áriß)*
ω	Ω	omégha	*o*	Ὤθωνας *('Othonaß)*

* s. Besonderheiten der Aussprache
** S hier stimmlos

Die Aussprache im Griechischen

Vokale

α, ε, η, ι, ο, υ, ω *(a, e, i, i, o, i, o)*

Die Vokale werden offen und halblang ausgesprochen.

Diphthonge

Folgende Doppellaute aus 2 Vokalen existieren im Griechischen:

αι	*e*	z. B. ναι *(ne)* »ja«, και *(ke)* »und«
ει	*i*	z. B. εκεί *(ekí)* »dort«
οι	*i*	z. B. λοιπόν *(lipón)* »also«
ου	*u*	z. B. ούζο *(úso)* »Ouzo«
αυ	*aw/af*	z. B. συναυλία *(ßinawlía)* »Konzert«, αυτοκίνητο *(aftokínito)* »Auto«
	aw	vor den Vokalen und vor den stimmhaften Konsonanten (β, γ, δ, ζ, λ, μ, ν, ρ)
	af	vor allen anderen Konsonanten
ευ	*ew/ef*	z. B. Εύα *('Ewa)* »Eva«, Δευτέρα *(Dheftéra)* »Montag«
	ew	vor den Vokalen und vor den stimmhaften Konsonanten (β, γ, δ, ζ, λ, μ, ν, ρ)
	ef	vor allen anderen Konsonanten

Konsonanten

Es gibt folgende Konsonanten:

β, γ, δ, ζ, θ, κ, λ, μ, ν, ξ, π, ρ, σ, τ, φ, χ, ψ

Doppelte Konsonanten werden wie einfache ausgesprochen.
z. B. **'Αννα** *('Ana)*.

Zur Aussprache der Konsonanten:

γ	*gh*	vor **a**, **o** und **u**, z. B. Γαλλία *(Ghalía)* »Frankreich«, γάλα *(ghála)* »Milch« wie dt. »Reibe-R«
	j	vor **e** und **i**, z. B. γειά σας *(jiá ßaß)* »ich grüße Sie«, Γερμανία *(Jermanía)* »Deutschland«

δ	*dh*	wie stimmhaftes **th** im englischen Wort »**th**at«, z. B. Δανία *(Dhanía)* »Dänemark«, δίνω *(dhíno)* »geben«
ζ	*s*	stimmhaft wie in »Rose«, z. B. ζάχαρη *(sá~~ch~~ari)* »Zucker«
θ	*th*	wie stimmloses **th** im englischen Wort »**th**ink«, z. B. θέλω *(thélo)* »ich will«, Θεός *(theóß)* »Gott«
ρ	*r*	»Zungenspitzen-R«, z. B. Ρόδος *(Ródhoß)* »Rhodos«, ρετσίνα *(retßína)* »Retsina«
σ, ς	*ß*	stimmlos, z. B. κρασί *(kraßí)* »Wein« Dieses **σ** wird an den Wortanfang und in die Wortmitte gesetzt. Dieses ς wird ans Wortende gesetzt, z. B. καφές *(kaféß)* »Kaffee«
σ	*s*	stimmhaft vor den Konsonanten **β, γ, δ, μ, ν, ρ,** z. B. κόσμος *(kósmoß)* »Welt«
χ	*ch*	weich vor **e, i**-Lauten, z. B. χέρι *(chéri)* »Hand«
	~~ch~~	hart vor **a, o, u,** z. B. έχω *(é~~ch~~o)* »ich habe«

Besonderheiten in der Aussprache

Die Aussprache des Griechischen ist für Deutsche nicht schwierig. Es gibt nur wenige Laute und einige Kombinationen, d. h. Diphthonge oder Konsonanten, die als ein Laut ausgesprochen werden; diese müssen Sie sich gesondert einprägen.

Nachfolgend aufgeführte Vokal- und Konsonantenkombinationen werden zusammen als ein Laut ausgesprochen.

Konsonantenverbindungen

γγ/γκ	*g*	am Wortanfang, z. B. γκάζι *(gási)* »Gas«
γγ/γκ	*ng*	im Wortinneren, z. B. Αγγλία *(Anglía)* »England«
μπ	*b*	am Wortanfang, z. B. μπάλα *(bála)* »Ball«, μπύρα *(bíra)* »Bier«
	mb	im Wortinneren, z. B. ομπρέλα *(ombréla)* »Regenschirm«, κολύμπι *(kolímbi)* »Schwimmen«
ντ	*d*	am Wortanfang, z. B. ντομάτα *(domáta)* »Tomate«
	nd	im Wortinneren, z. B. πέντε *(pénde)* »fünf«, αντίο *(andío)* »Adieu«

τσ *tß* (stimmlos), z. B. τσάι *(tßái)* »Tee«, κορίτσι *(korítßi)* »Mädchen«

τζ *ds* (stimmhaft), z. B. τζάκι *(dsáki)* »Kamin«, τζάμι *(dsámi)* »Glasscheibe«

Vergleiche:

αι, ε	*= e*
ει, οι, ι, η, υ	*= i*
ου	*= u*
αυ	*= aw, af*
ευ	*= ew, ef*
ο, ω	*= o*

Rechtschreibung und Zeichensetzung im Griechischen

Großschreibung

Mit großen Anfangsbuchstaben werden geschrieben:

1) Satzanfänge

2) Völker- und Ländernamen:
Έλληνας *('Elinaß)* »Grieche«, Γερμανία *(Jermanía)* »Deutschland«

3) Alle Eigennamen

- Vor- und Familiennamen:
Πέτρος Αθανασόπουλος *(Pétroß Athanaßópuloß)*
- Wochentage:
Δευτέρα *(Dheftéra)* »Montag«
- Monate:
Ιούνιος *(Iúnioß)* »Juni«
- Feste:
Πάσχα *(Páßcha)* »Ostern«

4) Titel wie:
Δήμαρχος Αθηνών *(Dhímarchoß Athinón)* »Bürgermeister von Athen«

5) Öffentliche Einrichtungen wie:
Τράπεζα της Ελλάδας *(Trápesa tiß Eládhaß)* »Bank von Griechenland«

Akzent

Es wird nur ein Akzent (´) gebraucht. Die Silbe, die den Akzent trägt, ist die Silbe, die betont wird.
Bei einsilbigen Wörtern wird kein Akzent gesetzt, da es nur eine Silbe zu betonen gibt, z. B. **ναι** *(ne)*, **και** *(ke)*.
Bei Doppellauten trägt der zweite Vokal den Akzent, z. B. **ούζο** *(úso)*.

Hinweis:

Die Schriftreform 1982 brachte Vereinfachungen im Akzentsystem mit sich.
So wird heute nur noch der Akut (´) gesetzt, während Gravis (`) und Zirkumflex (˜) nicht mehr verwendet werden.

Apostroph

Vor einem Wort, das mit einem Vokal beginnt, fällt oft der Endvokal des vor ihm stehenden Wortes weg. An seine Stelle wird dann ein Apostroph gesetzt, z. B. **σ' αγαπώ** *(ß'aghapó)* statt **σε αγαπώ** *(ße aghapó)* »ich liebe dich«.

Trema

Wenn das Trema (¨) über den zweiten Vokal eines Doppellautes gesetzt wird, dann werden die Vokale des Doppellautes getrennt ausgesprochen, z. B. **χαϊδεύω** *(chaïdhéwo)* »streicheln«.
Wenn der Akzent auf dem ersten Vokal des Doppellautes steht, entfällt das Trema, da der Akzent die getrennte Aussprache der beiden Vokale anzeigt, z. B. **Μάιης** *(Máiis)* »Mai«.

Zeichensetzung

Das griechische Fragezeichen sieht wie ein deutsches Semikolon aus (;).
Der griechische Strichpunkt (Semikolon) ist ein hochgesetzter Punkt (·), der allerdings selten gebraucht wird.
Die anderen Satzzeichen sind die gleichen wie in der deutschen Sprache.

Grammatische Fachausdrücke und ihre Bedeutung inklusive Abkürzungsverzeichnis

Adjektiv	*(Adj.)* Eigenschaftswort: der *blaue* Himmel
adjektivisch	als Eigenschaftswort gebraucht
Adverb	*(Adv.)* Umstandswort: er spricht *richtig*
Akkusativ	*(Akk.)* 4. Fall, Wen-Fall: Sie kauft *die Kirschen* für *ihren* Bruder
Aktiv	Tätigkeitsform: Der Mann *öffnet* das Fenster
Aorist	Vollendet oder punktuell gedachte Form der Vergangenheit
Artikel	Geschlechtswort: *der* Mann, *die* Frau, *das* Kind
Augment	Wortbildungsteil vor dem Verbstamm zur Bezeichnung der Vergangenheit
Dativ	*(Dat.)* 3. Fall, Wem-Fall: Er verspricht *ihr* eine weite Reise
Deklination	Beugung des Hauptwortes: *der* Vater, *des* Vater*s*, *dem* Vater, *den* Vater
deklinieren	die Beugung durchführen, beugen
Demonstrativpronomen	hinweisendes Fürwort: *dieser, jener, solcher*
Diphthong	Doppellaut aus 2 Vokalen: *ei, au*
Femininum	*(f.)* weiblich(en Geschlechts)
Futur	Zukunft(sform): ich *werde kommen*
Genitiv	*(Gen.)* 2. Fall, Wes-Fall: die Schönheiten *des Landes*
Genus	grammatisches Geschlecht
Imperativ	Befehlsform: *komm(e)!*
Imperfekt	unvollendete Form der Vergangenheit des Zeitwortes: ich *besichtigte*
Indefinitpronomen	unbestimmtes Fürwort: *jemand, kein*
Indikativ	Wirklichkeitsform: Das Meer *tost*
Infinitiv	Nennform, Grundform: *schwimmen, gehen*
Interrogativpronomen	Fragepronomen: *wer, welcher*
Komparativ	I. Steigerungsstufe: schön*er*, größ*er*
Konjugation	Beugung des Zeitwortes: *ich* geh*e*, *du* geh*st* usw.
konjugieren	die Beugung des Zeitwortes durchführen

Konjunktion	Bindewort: Er ist glücklich, *weil* er Urlaub hat
Konjunktiv	im Deutschen: Möglichkeitsform: sie *sei gekommen*
Konsonant	Mitlaut: *b, d, s* usw.
Maskulinum	*(m.)* männlich(en Geschlechts)
Neutrum	*(n.)* sächlich(en Geschlechts)
Nominativ	*(Nom.)* 1. Fall, Wer-Fall: *Der Mann* kauft eine Sonnenbrille
Objekt	Satzergänzung: Die Frau öffnet *die Tür*
Partikel	kleine Wörter, die sich weder den Adverbien noch den Konjunktionen zuordnen lassen
Partizip	Mittelwort: *gebacken, backend*
Passiv	Leideform: Die Tür *wird* von der Frau *geschlossen*
Perfekt	Vollendung in der Gegenwart: ich *bin weggegangen*
Personalpronomen	persönliches Fürwort: *er, sie, wir* usw.
Plural	*(Pl.)* Mehrzahl: *die* Kirsch*en*
Possessivpronomen	besitzanzeigendes Fürwort: *mein, dein, euer* usw.
Präfix	Vorsilbe *un*schön
Präposition	Verhältniswort: *auf, gegen, mit* usw.
Präsens	Gegenwart: *ich gehe*
Pronomen	Fürwort: *er, sie, es, mein, dein* usw.
reflexiv	rückbezüglich: *er* wäscht *sich*
Reflexivpronomen	rückbezügliches Fürwort: *mich, dich, sich* usw.
Relativpronomen	bezügliches Fürwort: Wo ist die Sonnenbrille, *die* ich gekauft habe?
Singular	*(Sg.)* Einzahl: *die, eine* Kirsche
Subjekt	Satzgegenstand: *Das Kind* spielt mit der Katze
Substantiv	Hauptwort: *der Tisch*
Superlativ	Höchststufe bei der Steigerung des Eigenschaftswortes: *am* schön*sten, am* weite*sten*
Verb(um)	Zeitwort: *gehen, kommen*
Vokal	Selbstlaut: *a, e, i, o, u, ä, ö, ü*
Vokativ	Ruf-, Anredeform: *»Herr Schaffner!«*

Μάθημα πρώτο *máthima próto*

Γειά σου! *(jiá‿ßu)*

Guten Tag!

I. Text

(Andreas = Αντρέας: *Α.;* Peter = Πέτρος: *Π.*)

Α.: Γειά σου, Πέτρο!
jiá‿ßu, Pétro

Π.: Γειά σου, Αντρέα!
jiá‿ßu Andréa
Τι κάνεις;
ti kániß

Α.: Ευχαριστώ, καλά, εσύ;
efcharißtó, kalá, eßí

Π.: Καλά, ευχαριστώ.
kalá, efcharißtó

A.: Τι κάνει η Μαριάννα;
ti káni i Mariána

Π.: Καλά, καλά.
kalá, kalá

A.: Τι κάνετε εδώ;
ti kánete edhó

Π.: Έχουμε διακοπές.
échume dhiakopéß

A.: Ωραία! Γειά σου.
oréa! jiá‿ßu

Π.: Γειά σου.
jiá‿ßu

II. Wortschatz

μάθημα	*máthima*	Lektion
πρώτο	*próto*	erste
γειά σου	*jiá‿ßu*	(Dir einen) Guten Tag
τι	*ti*	was
κάνεις	*kániß*	(du) machst
τι κάνεις;	*ti kániß*	wie geht es Dir?
ευχαριστώ	*efchârißtó*	danke (*wörtl.* ich danke)
καλά	*kalá*	gut
εσύ	*eßí*	du
κάνει	*káni*	(sie) macht
τι κάνει...;	*ti káni*	wie geht es ...?
η Μαριάννα	*i Mariána*	(die) Marianne
κάνετε	*kánete*	(ihr) macht
εδώ	*edhó*	hier
έχουμε	*échume*	(wir) haben
διακοπές	*dhiakopéß*	Ferien
ωραία	*oréa*	schön
γειά σου	*jiá‿ßu*	(Dir) Tschüs

III. Übersetzung

A.: Guten Tag! – *P.:* Guten Tag! Wie geht es Dir? – *A.:* Gut, danke, (und) Dir? – *P.:* Gut, danke. – *A.:* Wie geht es Marianne? – *P.:* Gut, gut. – *A.:* Was macht ihr hier? – *P.:* Wir haben Ferien. – *A.:* Schön! Tschüs. – *P.:* Tschüs.

IV. Grammatik

Anrede- und Begrüßungsformen

Die üblichste Begrüßungsform, mit der Sie im Laufe des ganzen Tages grüßen können, ist die Form **γειά σου** *(jiá‿ßu)* »grüß dich«.

Mit dieser Form begrüßen Sie eine Person, die Sie duzen; wenn Sie Ihren Gesprächspartner siezen oder sich an mehrere Personen wenden, so sagen Sie **γειά σας** *(jiá‿ßaß)* »ich grüße Sie/euch«. Im Griechischen wird sowohl gesiezt als auch geduzt, obwohl man sich in der Umgangssprache eher duzt als in Deutschland. Es ist ein Zeichen der Gastfreundschaft und Hilfsbereitschaft. Mit der Form **γειά σου** *(jiá‿ßu)* »grüß dich« können Sie jemanden grüßen und sich auch gleichzeitig von ihm verabschieden. Ist das nicht praktisch?

τι κάνεις; *ti kániß*	Wie geht es dir?
τι κάνει η Μαριάννα; *ti káni i Mariána*	Wie geht es Marianne?

Mit **τι κάνεις** *(ti kániß)* erkundigen Sie sich nach dem Wohlbefinden Ihres Gesprächspartners, den Sie duzen.
Diese Art der Begrüßung ist am Anfang eines Gesprächs mit einem Freund üblich.

Wörtlich heißt **τι κάνεις;** »Was machst du?«, sinngemäß »Wie geht es dir?« und **τι κάνετε εδώ;** *(ti kánete edhó)* »Was macht ihr hier?«
Aus dem Zusammenhang ist erkennbar, welche der beiden Redewendungen gemeint ist.

καλά, ευχαριστώ *kalá ef~~ch~~arißtó*	gut, danke

Auf die Frage **τι κάνεις;** antworten die Griechen immer mit **καλά** *(kalá)* »gut«, unabhängig davon, wie es ihnen tatsächlich geht. Meistens fragen Sie sofort zurück **εσύ** *(eßí)* »dir«.

ευχαριστώ *ef~~ch~~arißtó (wörtl.)* ich danke

Das Verb im Neugriechischen kennt keinen Infinitiv (Grundform des Zeitwortes); die 1. Person Singular (Einzahl) ist auch die Form, in der Sie ein griechisches Verb im Wörterbuch finden.

Bestimmter Artikel bei Eigennamen

η Μαριάννα *(i Mariána)* die Marianne

Die Eigennamen werden im Griechischen, abweichend vom Deutschen, von dem bestimmten Artikel (bestimmtes Geschlechtswort) begleitet.
Bei der Anrede fällt der bestimmte Artikel ebenso wie das Schluß **-ς** *(-ß)* von männlichen Namen weg (s. a. Vokativ [Anrede], 11. Lektion).

ο Πέτρος	*(o Pétroß)*	Πέτρο	*(Pétro)*
ο Αντρέας	*(o Andréaß)*	Αντρέα	*(Andréa)*
η Μαριάννα	*(i Mariána)*	Μαριάννα	*(Mariána)*

Anders als im Deutschen können griechische Verbformen auch ohne Personalpronomen (persönliches Fürwort) verwendet werden. An der Endung erkennt man, welche Person gemeint ist.

κάν-εις	*(kániß)*	(du)	machst / es geht dir
κάν-ει	*(káni)*	(er, sie, es)	macht / es geht ihm, ihr, ihm
κάν-ετε	*(kánete)*	(ihr)	macht / es geht euch *oder*
		(Sie)	machen / es geht Ihnen

V. Übungen

1. Vervollständigen Sie den Dialog.

A.: Γειά σου, Πέτρο.
jiá‿ßu, Pétro

Π.: ...., Αντρέα.
..., Andréa

A.: Τι ....;
ti ...

Π.: Ευχαριστώ, ..., εσύ;
efcharißtó, ..., eßí

2. **a)** Begrüßen Sie Peter.
   b) Verabschieden Sie sich von Andreas.
   c) Verabschieden Sie sich von Marianne.
   d) Begrüßen Sie Marianne.
   e) Begrüßen Sie Andreas.

3. Erkundigen Sie sich nach dem Wohlbefinden folgender Personen.

Μαρία,	Μαριάννα,	Πέτρο(ς),	Αντρέα(ς),	Άννα
María	*Mariána*	*Pétro(ß)*	*Andréa(ß)*	*'Ana*

Beispiel:

– Γειά σου, Αντρέα!
  jiá‿ßu, Andréa
  Τι κάνεις;
  ti kániß
– Ευχαριστώ, καλά.
  efcharißtó, kalá

4. Übersetzen Sie.

a) Guten Tag, Peter.
b) Wie geht es Dir?
c) Danke gut, (und) Dir?
d) Gut, gut.
e) Was macht Ihr hier?
f) Tschüs!

Die Lösungen zu den Übungen finden Sie ab Seite 180 ff.

Μάθημα δεύτερο *máthima dhéftero*

Με το ταξί *(me to taxí)*

Mit dem Taxi

I. Text

(Marianne = Μαριάννα: *M.*; Taxifahrer = Ταξιτζής: *T.*)

M.: Ταξί, ταξί …
taxí, taxí

T.: Ναι,ορίστε παρακαλώ!
ne, oríßte parakaló

M.: Στην Ομόνοια, παρακαλώ.
ßtin Omónia, parakaló

T.: Εντάξει! Είστε Αγγλίδα;
endáxi! íßte Anglídha

M.: Όχι, είμαι Γερμανίδα.
óchi, íme Jermanídha

T.: Από πού είστε;
apó pu íßte

M.: Είμαι από τη Στουτγκάρδη.
íme apó ti Stutgárdhi

T.: Η Στουτγκάρδη είναι ωραία.
i Stutgárdhi íne oréa

M.: Ναι, η Στουτγκάρδη είναι ωραία.
ne, i Stutgárdhi íne oréa

T.: Φτάσαμε.
ftáßame

M.: Εντάξει! Πόσο κάνει;
endáxi! póßo káni

T.: 2000 (δύο χιλιάδες) δραχμές.
dhío chiliádhes dhra~~ch~~méß

M.: Ορίστε. Αντίο σας.
oríßte. andío ßaß

T.: Ευχαριστώ. Αντίο.
ef~~ch~~arißtó. andío

II. Wortschatz

δεύτερο	*dhéftero*	zweite
με	*me*	mit
το	*to*	das
ταξί	*taxí*	Taxi
ναι	*ne*	ja
ορίστε	*oríßte*	bitte sehr (*wörtl.:* Bestimmen Sie!)
παρακαλώ	*parakaló*	bitte schön
στην	*ßtin*	zum
Ομόνοια	*Omónia*	Omonia-Platz (im Zentrum von Athen)
εντάξει	*endáxi*	In Ordnung
είστε	*íßte*	(Sie) sind
Αγγλίδα	*Anglídha*	Engländerin
εγώ	*eghó*	ich
είμαι	*íme*	(ich) bin
Γερμανίδα	*Jermanídha*	Deutsche
από πού	*apó pu*	woher
από	*apó*	von, aus
η Στουτγκάρδη	*i Stutgárdhi*	Stuttgart
είναι	*íne*	(es) ist
ωραία	*oréa*	schön
φτάσαμε	*ftáßame*	wir sind angekommen
πόσο κάνει	*póßo káni*	wieviel macht es (was bin ich Ihnen schuldig?)
δραχμές *(N./Akk. Pl. f.)*	*dhra~~ch~~méß*	Drachmen
αντίο σας	*andío ßaß*	(Ihnen) Adieu
αντίο	*andío*	Adieu

2

III. Übersetzung

(Taxifahrer: *T.*)

M.: Taxi, Taxi ... – *T.:* Ja, bitte sehr. – *M.:* Zum Omonia-Platz, bitte. – *T.:* In Ordnung! Sind Sie Engländerin? – *M.:* Nein, ich bin Deutsche. – *T.:* Woher kommen Sie? – *M.:* Ich bin aus Stuttgart. – *T.:* Stuttgart ist schön. – *M.:* Ja, Stuttgart ist schön. – *T.:* Wir sind angekommen. – *M.:* In Ordnung. Was bin ich Ihnen schuldig? – *T.:* 2000 Drachmen. – *M.:* Bitte sehr. (Ihnen) Adieu. – *T.:* Danke. Adieu.

IV. Grammatik

Verneinung

ναι *(ne)* ja   und   **όχι** *(óchi)* nein

Die Verneinung lautet **όχι** »nein«.
Die Bejahung lautet **ναι** »ja«; sie hat mit der im Deutschen in der Umgangssprache verwendeten Verneinung (»ne«) nichts zu tun!

Das Verb »sein«

Hier die Formen für das Hilfsverb »sein«: 1. und 3. Person Singular (Einzahl) sowie die 2. Person Plural (Mehrzahl).

1. Person Singular	**είμαι** *(íme)* (ich) bin
3. Person Singular	**είναι** *(íne)* (er, sie, es) ist
2. Person Plural	**είστε** *(ißte)* (ihr seid/Sie sind)

Anders als im Deutschen können griechische Verbformen ohne Personalpronomen stehen.
Das Personalpronomen wird im Griechischen nur zur Betonung gebraucht, ansonsten wird es nicht benutzt. Es geht aus der Verbform hervor, welche Person genannt wird oder selbst spricht.

εντάξει *(endáxi)* In Ordnung

Εντάξει heißt »ich bin einverstanden, o.k., es geht in Ordnung« und wird im Griechischen sehr oft gebraucht.
Mit der entsprechenden Intonation (Betonung) kann es auch fragend angewandt werden.

Die Aufforderung »bitte sehr«

ορίστε *(orißte)* bitte sehr

Im Aussagesatz heißt **ορίστε** »bitte schön, bitte sehr«. Es kann aber auch fragend verwendet werden, mit der Bedeutung »wie bitte?, wie?«. Bei der fragenden Benutzung muß die Intonation entsprechend sein.

Die Verabschiedungsform

αντίο σας *(andío ßaß)* (Ihnen) Adieu **αντίο** *(andío)* Adieu

In Griechenland verabschiedet man sich im Laufe des ganzen Tages mit **αντίο** »Adieu«.
Wenn man besonders höflich sein möchte, verabschiedet man sich mit **αντίο σας** (*wörtlich:* »Ihnen Adieu«).

Das Fragewort »woher«

από πού *(apó pu)* woher

Die Präposition (Verhältniswort) **από** *(apó)* heißt »von, aus«.
Das Fragewort **πού** *(pu)* bedeutet »wo, wohin«.
Die Zusammensetzung von **από** und **πού** ergibt das deutsche Fragewort »woher«.

Die Taxis in Griechenland

Meistens sind die Taxis gelb lackiert. Taxifahren ist bei weitem nicht so teuer wie in Deutschland. Die Taxis halten auf Handzeichen. Taxistände wie in Deutschland gibt es selten.

V. Übungen

1. Setzen Sie die Form des Verbs »sein« ein.

a) Από πού είστε; .... από τη Στουτγκάρτη.
apó pu ißte? .... *apó ti Stutgárti*

b) Από πού είστε; .... από το Κίελο. (Kiel)
apó pu ißte? .... *apó to Kíelo*

c) Από πού είστε; .... από το Ντύσελντορφ. (Düsseldorf)
apó pu ißte? .... apó to Dißeldorf

d) Από πού είστε; .... από το Χαμ. (Hamm)
apó pu ißte? .... apó to ~~Ch~~am

e) Από πού είστε; .... από το Αμβούργο. (Hamburg)
apó pu ißte? .... apó to Ambúrgho

2. Vervollständigen Sie den Dialog.
Setzen Sie die richtige Form des Verbs »sein« ein.

είμαι,	είστε,	είναι
íme	*ißte*	*íne*

M.: Στην Ομόνοια, παρακαλώ.
ßtin Omónia, parakaló

T.: Εντάξει. .... Αγγλίδα;
endáxi. ... Anglídha

M.: Όχι, εγώ .... Γερμανίδα.
óchi, eghó ... Jermanídha

T.: Από πού ....;
apó pu ...

M.: .... από τη Στουτγκάρδη.
... apó ti Stutgárdhi

T.: Η Στουτγκάρδη .... ωραία.
i Stutgárdhi ... oréa

M.: Ναι, η Στουτγκάρδη .... ωραία.
ne i Stutgárdhi ... oréa

T.: Φτάσαμε.
ftáßame

3. Übersetzen Sie folgende Sätze.

a) Woher kommen Sie?
b) In Ordnung!
c) Sind Sie Engländerin?
d) Ich komme aus Düsseldorf.
e) Ich bin Deutsche.
f) Danke. Adieu.
g) Bitte sehr.

Μάθημα τρίτο *máthima tríto*

Στο καφενείο *(ßto kafenío)*

Im Café

I. Text

(Peter = Πέτρος: *Π.*; Johannes = Γιάννης: *Γ.*; Marianne = Μαριάννα: *Μ.*; Kellner = γκαρσόνι: *γκ.*)

Η Μαριάννα και ο Πέτρος πάνε στο καφενείο, εκεί είναι και ο
i Mariána ke o Pétros páne ßto kafenío, ekí íne ke o
Γιάννης, ένας Έλληνας φίλος του Πέτρου.
Jiániß, énaß 'Elinaß filoß tu Pétru

Π.: Γειά σου, Γιάννη!
jiá‿ßu, Jiáni

Γ.: Γειά σου! Καλώς ήρθατε στην Ελλάδα.
jiá‿ßu! kalóß írthate ßtin Eládha
Ελάτε καθήστε.
eláte kathíßte

Π.: Ευχαριστώ.
efcharißtó

Γ.: Πέτρο, η γυναίκα σου;
Pétro, i jinéka ßu

Π.: Ναι, ναι.
ne, ne

Γ.: Πως σε λένε;
pos ße léne

Μ.: Με λένε Μαριάννα.
me léne Mariána

Γ.: Από πού είσαι Μαριάννα;
apó pu íße Mariána

Μ.: Εγώ είμαι Γερμανίδα, είμαι από τη Στουτγκάρδη.
eghó íme Jermanídha, íme apó ti Stutgárdhi

Τώρα έρχεται το γκαρσόνι.
tóra érchete to garßóni

Γ.: Έχω δουλειά.
écho dhuliá
Ελάτε αύριο το βράδυ στο σπίτι.
eláte áwrio to wrádhi ßto ßpíti

Π.: Εντάξει.
endáxi

γκ.: Καλημέρα.
kaliméra

Π.: Καλημέρα.
kaliméra

γκ.: Τι θέλετε, παρακαλώ;
ti thélete, parakaló

Π.: Εγώ θέλω έναν καφέ ελληνικό, παρακαλώ.
eghó thélo énan kafé elinikó, parakaló

γκ.: Μέτριο, γλυκό ή σκέτο;
métrio, ghlikó i ßkéto

Π.: Μέτριο, παρακαλώ.
métrio, parakaló

γκ.: Μάλιστα. Και εσείς;
máließta. Ke eßíß

Μ.: Εγώ θέλω μία πορτοκαλάδα.
eghó thélo mía portokaládha

γκ.: Εντάξει. Τίποτε άλλο;
endáxi. típote álo

Π.: Όχι, τίποτα. Ευχαριστώ.
óchi, típota. efcharißtó

Το γκαρσόνι φέρνει τον καφέ και την πορτοκαλάδα.
to garßóni férni ton kafé ke tin portokaládha

γκ.: Ορίστε ο καφές και ένα ποτήρι νερό.
oríßte o kaféß ke éna potíri neró

Π.: Ευχαριστώ.
ef~~ch~~arißtó

γκ.: Ορίστε η πορτοκαλάδα.
oríßte i portokaládha

Μ.: Ευχαριστώ.
ef~~ch~~arißtó

Π.: Γειά μας!
jiá‿maß

II. Wortschatz

τρίτο	*tríto*	dritte
η	*i*	die
ο	*o*	der
πάνε	*páne*	(sie) gehen
στο	*ßto*	in das
το καφενείο	*to kafenío*	das Café
εκεί	*ekí*	dort
ένας *(N. Sg. m.)*	*énaß*	ein(er)
ο ΄Ελληνας	*o ΄Elinaß*	der Grieche
ο φίλος	*o filoß*	der Freund
ο ΄Ελληνας φίλος	*o ΄Elinaß filoß*	der griechische Freund
του Πέτρου	*tu Pétru*	»von« Peter
καλώς ήρθατε	*kalóß írthate*	willkommen
ελάτε καθήστε	*eláte kathíßte*	Kommt, setzt euch!
η Ελλάδα	*i Eládha*	Griechenland
η γυναίκα σου	*i jinéka ßu*	deine Frau
ναι	*ne*	ja
πως	*poß*	wie
σε λένε	*ße léne*	du heißt
είσαι	*íße*	(du) bist
τώρα	*tóra*	jetzt
έρχεται	*érchete*	(er) kommt
το γκαρσόνι	*to garßóni*	der Kellner
η δουλειά	*i dhuliá*	die Arbeit

αύριο το βράδυ	*awrio to wrádhi*	morgen abend
sto spíti	*ßto ßpíti*	nach Hause
το σπίτι	*to ßpíti*	das Haus
καλημέρα	*kaliméra*	Guten Morgen/ Guten Tag
τι	*ti*	was
θέλετε	*thélete*	(Sie) möchten, wünschen
έναν	*énan*	einen
καφέ *(Akk. Sg. m.)*	*kafé*	(den) Kaffee
ελληνικό *(Akk. Sg. m.)*	*elinikó*	griechischen
μέτριο *(Akk. Sg. m.)*	*métrio*	mittelsüßen
γλυκό *(Akk. Sg. m.)*	*ghlikó*	süßen
ή	*i*	oder
σκέτο	*ßkéto*	ohne Zucker
μάλιστα	*máli ßta*	jawohl
εσείς	*eßiß*	Sie, ihr
εγώ θέλω	*eghó thélo*	ich möchte
μία	*mía*	eine
η πορτοκαλάδα	*portokaládha*	die Orangenlimonade
τίποτα, -ε	*típota, -e*	nichts
τίποτε άλλο	*típote álo*	noch etwas
φέρνει	*férni*	(er) bringt
τον (καφέ)	*ton (kafé)*	den (Kaffee)
την (πορτοκαλάδα)	*tin (portokaládha)*	die (Orangenlimonade)
ένα	*éna*	ein
το ποτήρι	*potíri*	das Glas
το νερό	*neró*	das Wasser

Redewendung:

γειά μας *(jiá‿maß)* Zum Wohl! Prosit!

III. Übersetzung

(Kellner: *K.*)
Marianne und Peter gehen ins Café, dort ist auch Johannes, ein Grieche, ein Freund von Peter.

P.: Grüß dich, Johannes! – *J.:* Grüß dich! Willkommen in Griechenland. Kommt, setzt euch! – *P.:* Danke. – *J.:* Peter, (ist das) deine Frau? – *P.:* Ja, ja. – *J.:* Wie heißt du? – *M.:* Ich heiße Marianne. – *J.:* Woher kommst du, Marianne? – *M.:* Ich bin Deutsche, ich komme aus Stuttgart.

Jetzt kommt der Kellner.

J.: Ich habe zu tun. Kommt ihr morgen abend (zu mir) nach Hause? – *P.:* In Ordnung! – *K.:* Guten Tag. – *P.:* Guten Tag. – *K.:* Was möchten (wünschen) Sie, bitte? – *P.:* Ich möchte einen griechischen Kaffee, bitte. – *K.:* Mittelsüß, süß oder ohne Zucker? – *P.:* Mittelsüß, bitte. – *K.:* Jawohl. Und Sie? – *M.:* Ich möchte eine Orangenlimonade. – *K.:* In Ordnung. Noch etwas? – *A.:* Nein, nichts. Danke.

Der Kellner bringt den Kaffee und die Orangenlimonade.

K.: Bitte sehr, der Kaffee und ein Glas Wasser. – *A.:* Danke. – *K.:* Bitte sehr, die Orangenlimonade. – *M.:* Danke.

IV. Grammatik

Das Verb »sein« und das Personalpronomen

εγώ	είμαι	*(egho íme)*	ich	bin	
εσύ	είσαι	*(eßí íße)*	du	bist	
αυτός		*(aftóß)*	er		
αυτή	είναι	*(aftí íne)*	sie	ist	
αυτό		*(aftó)*	es		
εμείς	είμαστε	*(emíß ímaßte)*	wir	sind	
εσείς	είστε	*(eßíß íßte)*	ihr	seid, Sie sind	
αυτοί		*(aftí)*	sie		(m.)
αυτές	είναι	*(aftéß íne)*	sie	sind	(f.)
αυτά		*(aftá)*	sie		(n.)

Die 2. Person Plural heißt sowohl »Sie sind« als auch »ihr seid«.

Die Frage nach dem Namen

πώς σε λένε; *(poß ße léne)* Wie heißt du?

Mit **πως σε λένε** erkundigen Sie sich nach dem Namen Ihres Gegenübers. Diese Form ist umgangssprachlich und sehr gebräuchlich.
Die Antwort lautet **με λένε ...** *(me léne)*. Bei den männlichen Vornamen entfällt das **-ς** am Schluß. (Vgl. 2. Lektion, 11. Lektion)

με λένε Αντρέα *(me léne Andréa)* ich heiße Andreas.

Die Nationalitäts- und Länderbezeichnungen

Die männlichen Nationalitätsbezeichnungen enden auf **-ος**, bis auf einige Ausnahmen, wie z. B. **ο Έλληνας** *(o 'Elinaß)* »der Grieche«.
Die weiblichen Nationalitätsbezeichnungen enden auf **-ίδα**.
Die Ländernamen stehen mit bestimmtem Artikel.
Sie sind meistens weiblichen Geschlechts.
Die Nationalitäts- und Länderbezeichnungen werden groß geschrieben.

Nationalitätsbezeichnungen

Maskulinum (männlich)		Femininum (weiblich)	
ο Γερμανός *(o Jermanóß)*	der Deutsche	η Γερμανίδα *(i Jermanídha)*	die Deutsche
ο Έλληνας *(o 'Elinaß)*	der Grieche	η Ελληνίδα *(i Elinídha)*	die Griechin
ο Γάλλος *(o Gháloß)*	der Franzose	η Γαλλίδα *(i Ghalídha)*	die Französin
ο Ιταλός *(o Italóß)*	der Italiener	η Ιταλίδα *(i Italídha)*	die Italienerin
ο Άγγλος *(o 'Angloß)*	der Engländer	η Αγγλίδα *(i Anglídha)*	die Engländerin
ο Ισπανός *(o Ißpanóß)*	der Spanier	η Ισπανίδα *(i Ißpanídha)*	die Spanierin

Ländernamen

η Γερμανία	*(i Jermanía)*	Deutschland
η Ελλάδα	*(i Eládha)*	Griechenland
η Γαλλία	*(i Ghalía)*	Frankreich
η Ιταλία	*(i Italía)*	Italien
η Αγγλία	*(i Anglía)*	England
η Ισπανία	*(i Ißpanía)*	Spanien

Der unbestimmte Artikel

Nom. (Wer-Fall)	**ένας** *(énaß)* ein	**μία** *(mía)* eine	**ένα** *(éna)* ein
Akk. (Wen-Fall)	**ένα(ν)** *(éna[n])* einen	**μία** *(mía)* eine	**ένα** *(éna)* ein

Im Neugriechischen unterscheidet man – genau wie im Deutschen – drei Geschlechter. Der unbestimmte Artikel ist mit dem Zahlwort »eins« identisch, z. B.:

μία πορτοκαλάδα *(mía portokaládha)* eine Orangenlimonade
έναν καφέ *(énan kafé)* einen Kaffee
θέλω έναν καφέ *(thélo énan kafé)* ich möchte einen Kaffee

Hier ist der Akkusativ (Wen-Fall) richtig, da das Verb **θέλω** *(thélo)* ein direktes Objekt verlangt.

ορίστε ο καφές Bitte sehr, (hier ist) der Kaffee
orißte o kaféß
ορίστε η πορτοκαλάδα Bitte sehr, (hier ist) die Orangenlimonade
orißte i portokaládha

In diesen Sätzen haben **ο καφές** bzw. **η πορτοκαλάδα** jeweils Subjektfunktion, daher wird der Nominativ (Wer-Fall) gebraucht.

καλημέρα *(kaliméra)* Guten Tag

So können Sie am Morgen und im Laufe des Tages grüßen oder sich auch verabschieden.

Der bestimmte Artikel (Singularformen)

Wie im Deutschen richtet sich auch im Griechischen der bestimmte Artikel nach dem Geschlecht des Substantivs, zu dem er gehört.

ο *(o)* der **η** *(i)* die **το** *(to)* das

Nom.	ο καφές	η πορτοκαλάδα	το γκαρσόνι
	o kaféß	*i portokaladha*	*to garßóni*
	der Kaffee	die Orangenlimonade	der Kellner
Akk.	τον καφέ	την πορτοκαλάδα	το γκαρσόνι
	ton kafé	*tin portokaládha*	*to garßóni*

Auch beim bestimmten Artikel unterscheidet man drei Geschlechter.
Der bestimmte Artikel steht im Griechischen auch vor Namen von Orten und Personen.

το Μόναχο München — ο Πέτρος Peter
to Mónacho — *o Pétros*

Ο Καφές

Der griechische Kaffee wird wie folgt zubereitet:

- μέτριο(ς)
  métrio(ß)
- γλυκό(ς)
  ghlikó(ß)
- σκέτο(ς)
  ßkéto(ß)

Für **«μέτριος»** *(métrioß)* nehmen Sie eine Moccatasse Wasser, einen Teelöffel Kaffee und einen Teelöffel Zucker *(mittelsüß)*.

Für **«γλυκός»** *(ghlikóß)* nehmen Sie eine Moccatasse Wasser, zwei Teelöffel Zucker und einen Teelöffel Kaffee *(süß)*.

Für **«σκέτος»** *(ßkétoß)* nehmen Sie eine Moccatasse Wasser und einen Teelöffel Kaffee *(ohne Zucker)*.

Die genannten Zutaten werden in einem kleinen Töpfchen bis zu drei Mal aufgekocht, und fertig ist der griechische Kaffee. Dazu wird ein Glas Wasser serviert.

Hier einige weitere Getränke:
Achten Sie auf den unbestimmten Artikel.

Maskulinum
Θέλω *(thélo)* ... Ich will ...
έναν καφέ *(énan kafé)* einen Kaffee
έναν φραπέ *(énan frapé)* einen Frappé

Femininum
Θέλω *(thélo)* ... Ich will ...
μία πορτοκαλάδα *(mía portokaládha)* eine Orangenlimonade
μία μπύρα *(mía bíra)* ein Bier
μία σόδα *(mía ßódha)* ein Sodawasser
μία λεμονάδα *(mía lemonádha)* eine Limonade

Neutrum
Θέλω *(thélo)* ... Ich will ...
ένα ούζο *(éna úso)* einen Ouzo
ένα ποτήρι νερό *(éna potíri neró)* ein Glas Wasser
ένα τσάι *(éna tßái)* einen Tee
ένα κρασί *(éna kraßí)* einen Wein

V. Übungen

1. Setzen Sie die richtige Form des Verbs »sein« ein.

a) – Εγώ .... Γερμανός. (bin) *(egho ... Jermanóß)*
b) – Από πού .... Γιάννη; (bist Du) *(apó pu ... Jiáni?)*
c) – Είμαι Έλληνας και εσύ .... Γάλλος; (bist Du) *(íme 'Elinaß ke eßí ... Gháloß)*
d) – .... Γαλλίδα; (sind Sie) *(... Ghalídha)*
e) – Το Αμβούργο .... ωραίο. (ist) *(to Ambúrgho ... oréo)*

2. Bestellen Sie folgende Getränke.

Τι θέλετε, παρακαλώ; *(ti thélete parakaló)*
Θέλω *(thélo)* .... (ein Bier)
.... (eine Orangenlimonade)
.... (einen Ouzo)
.... (ein Sodawasser)
.... (ein Glas Wasser)
.... (einen Retsina)
.... (einen Kaffee)

3. Beantworten Sie die Fragen.

a) Εντάξει. Τίποτε άλλο; .... (Nein, danke, nichts.)
endáxi. Típote álo?

b) Τι θέλετε, Παρακαλώ; .... (Einen griechischen Kaffee, bitte.)
ti thélete, parakaló?

c) Μέτριο, γλυκό ή σκέτο; .... (Mittelsüß, bitte.)
métrio, ghlikó í ßkéto?

4. Setzen Sie die richtige Form des unbestimmten oder des bestimmten Artikels ein:

ο	η	το	το(ν)	τη(ν)	το	μία	ένα(ν)	ένα
o	*i*	*to*	*to(n)*	*ti(n)*	*to*	*mía*	*éna(n)*	*éna*

a) Θέλω .... καφέ ελληνικό, παρακαλώ.
thélo ... kafé elinikó, parakaló

b) Ορίστε .... καφές και .... ποτήρι νερό.
oríßte ... kaféß ke ... potíri neró

c) Το γκαρσόνι φέρνει .... καφέ και .... πορτοκαλάδα.
to garßóni férni ... kafé ke ... portokaládha

d) Θέλω .... πορτοκαλάδα, παρακαλώ.
thélo ... portokaládha, parakaló

e) Ορίστε .... πορτοκαλάδα.
oríßte ... portokaládha

5. Übersetzen Sie folgende Sätze:

a) Guten Tag!
b) Ich möchte bitte einen griechischen Kaffee.
c) Mittelsüß, süß oder ohne Zucker? – Mittelsüß.
d) In Ordnung! Noch etwas?
e) Wie heißt Du? – Ich heiße Marianna.
f) Woher kommst Du?
g) Ich bin Deutsche.
h) Ich komme aus Stuttgart.
i) Nein, nichts! Danke.
k) Jawohl.
l) Bitte sehr, der Kaffee und ein Glas Wasser.

Μάθημα τέταρτο — *máthima tétarto*

Στο περίπτερο *(ßto períptero)*
Am Kiosk

I. Text

(Verkäufer = περιπτεράς: *Π.*; Marianne: = Μαριάννα: *Μ.*)

Π.: Ορίστε, παρακαλώ.
oríßte, parakaló

Μ.: Έχετε γερμανικές εφημερίδες;
échete jermanikéß efimerídheß

Π.: Όχι, δεν έχουμε.
óchi dhén échume
Μόνο ελληνικές εφημερίδες.
móno elinikéß efimerídheß

Μ.: Κρίμα, κρίμα.
kríma, kríma
Θέλω ένα πακέτο τσιγάρα, παρακαλώ.
thélo éna pakéto tßighára, parakaló

Π.: Τι τσιγάρα θέλετε;
ti tßighára thélete

Μ.: Θέλω ένα πακέτο «καρέλια».
thélo éna pakéto karélia

Π.: Ορίστε.
orißte

Μ.: Θέλω και δύο κάρτες.
thélo ke dhío kártes
Πόσο κάνει η μία κάρτα;
póßo káni i mía kárta

Π.: 30 (τριάντα) δραχμές η μία.
triánda dhra~~ch~~méß i mía

Μ.: Πόσο κάνουν όλα μαζί;
póßo kánun óla masí

Π.: Όλα μαζί κάνουν 200 (διακόσιες) δραχμές.
óla masí kánun dhiakóßieß dhra~~ch~~méß

Μ.: Ορίστε 200 δραχμές.
orißte dhiakóßieß dhra~~ch~~méß

Π.: Ευχαριστώ. Αντίο.
ef~~ch~~arißtó. andío

Μ.: Αντίο.
andío

II. Wortschatz

τέταρτο	*tétarto*	vierte
το περίπτερο	*to períptero*	der Kiosk
στο περίπτερο	*ßto períptero*	am Kiosk
έχετε	*échete*	(Sie) haben
γερμανικές *(N./Akk. Pl. f.)*	*jermanikéß*	deutsche
η εφημερίδα, -ες	*i efimerídha, -eß*	die Zeitung
μόνο	*móno*	nur
ελληνικές *(N./Akk. Pl. f.)*	*elinikéß*	griechische
κρίμα	*kríma*	schade
το πακέτο, -α	*to pakéto, -a*	das Paket die Schachtel
το τσιγάρο, -α	*to tßigháro, -a*	die Zigarette
τι	*ti*	was (*hier:* was für)
«καρέλια»	*karélia*	»Karelia« (bekannte Zigarettenmarke)
δύο	*dhío*	zwei
η κάρτα, -ες	*i kárta, -eß*	die Postkarte

η δραχμή, -ες	*i dhra~~ch~~mí, -éß*	Drachme (*Abkürzung:* δρχ.)
30 (τριάντα)	*triánda*	dreißig
όλα	*óla*	alles
μαζί	*masí*	zusammen
200 (διακόσιες)	*dhiakóßieß*	zweihundert
πόσο	*póßo*	wieviel
πόσο κάνουν	*póßo kánun*	wieviel kosten (*wörtl.:* machen)
οι *(best. Artikel Pl. Nom. m., f.)*	*i*	die

III. Übersetzung

(Verkäufer: *V.*)
V.: Bitte sehr! – *M.:* Haben Sie deutsche Zeitungen? – *V.:* Nein, wir haben keine. Nur griechische Zeitungen. – *M.:* Schade, schade. Ich möchte eine Schachtel Zigaretten, bitte. – *V.:* Was für Zigaretten möchten Sie? – *M.:* Ich möchte eine Schachtel »Karelia«. – *V.:* Bitte sehr. – *M.:* Ich möchte auch zwei Postkarten. Wieviel kostet (macht) eine Postkarte? – *V.:* 30 Dr pro Stück. – *M.:* Wieviel kostet (macht) alles zusammen? – *V.:* Alles zusammen kostet (macht) 200 Dr – *V.:* Danke, Adieu. – *M.:* Adieu.

IV. Grammatik

Das Verb »haben«

Die Verben auf **-ω** *(o)* sind in zwei Gruppen unterteilt, und zwar in *stammbetonte (1. Konjugation)* und *endbetonte (2. Konjugation)*. Wir werden uns zunächst mit den stammbetonten Verben befassen. Hier finden wir die meisten und geläufigsten Verben.

έχ-ω	*(é~~ch~~o)*	(ich) habe	**έχ-ουμε**	*(é~~ch~~ume)*	(wir) haben
έχ-εις	*(échiß)*	(du) hast	**έχ-ετε**	*(échete)*	(ihr) habt, (Sie) haben
έχ-ει	*(échi)*	(er) hat	**έχ-ουν**	*(é~~ch~~un)*	(sie) haben

Dies sind alle Präsensformen (Gegenwartsformen) des Verbs »haben«.

Genauso werden alle anderen stammbetonten Verben konjugiert, wie z. B. die Verben **θέλω** *(thélo)* »mögen, wollen, wünschen« und **κάνω** *(káno)* »machen, tun«.
Wie bereits erwähnt, können die Verbformen auch ohne Personalpronomen εγώ *(eghó)*, εσύ *(eßí)*, αυτός *(aftóß)* usw. stehen. Es wird nur dann gebraucht, wenn es betont werden soll.

Die Frageform des Präsens (der Gegenwart)

Bei der Fragebildung bleibt die Wortstellung im Satz unverändert, so daß man nur an der Intonation erkennt, ob eine Frage oder ein Aussagesatz vorliegt, z. B.:

Εσύ είσαι Γερμανός; *eßí íße Jermanóß*	Bist Du Deutscher?
Έχετε γερμανικές εφημερίδες; *échete jermanikéß efimerídheß*	Haben Sie deutsche Zeitungen?

Der Plural

Im Neugriechischen sind die Substantive (Hauptwörter), die im Singular (Einzahl) auf **-α** *(a)* oder auf **-η** *(i)* enden, meistens weiblich. Die weiblichen Substantive bilden den Plural (die Mehrzahl) auf **-ες** *(-eß)*, z. B.:

η εφημερίδ**α** *i efimerídha*	– οι εφημερίδ**ες** *i efimerídheß*	(Zeitung)
η κάρτ**α** *i kárta*	– οι κάρτ**ες** *i kárteß*	(Postkarte)
η δραχμ**ή** *i drachmí*	– οι δραχμ**ές** *i dhrachméß*	(Drachme)

Die Substantive, die im Singular auf **-ο** oder auf **-ι** enden, sind sächlich. (Eine Ausnahme bildet das Wort το βράδυ, das auf **-υ** endet.)
Die Substantive, die auf **-ο** enden, erhalten im Plural ein **-α** anstelle des **-ο**.
Bei den Substantiven, die auf **-ι** enden, wird im Plural ein **-α** angehängt, z. B.:

το πακέτ**ο** *to pakéto*	– τα πακέτ**α** *ta pakéta*	(Paket)

το τσιγάρ**ο** – τα τσιγάρ**α** (Zigarette)
to tsigháro *ta tßighára*
το ποτήρ**ι** – τα ποτήρι**α** (Glas)
to potíri *ta potíria*
το κρασ**ί** – τα κρασι**ά** (Wein)
to kraßí *ta kraßiá*

Lernen Sie die Substantive am besten immer gleich mit dem Artikel! (Männliche Pluralformen vgl. 6. Lektion.)

Πόσο κάνει; *(póßo káni)* Wieviel kostet es?

Mit dem Satz **Πόσο κάνει** können Sie sich nach dem Preis erkundigen. Hier wird das Verb **κάνω** *(káno)* »machen/tun« anstelle des Verbs »kosten« eingesetzt, was eher umgangssprachlich ist, z. B.:

πόσο κάνουν; – wieviel machen (kosten) sie?
póßo kánun
πόσο κάνει μία κάρτα; – wieviel kostet eine Postkarte?
póßo káni mía kárta

Die Grundzahlen 1–10

1 ένα *(éna)*
2 δύο *(dhío)*
3 τρία *(tría)*
4 τέσσερα *(téßera)*
5 πέντε *(pénde)*
6 έξι *(éxi)*
7 εφτά *(eftá)*
8 οχτώ *(o~~ch~~tó)*
9 εννιά *(eniá)*
10 δέκα *(dhéka)*

Die Zahlen 1, 3 und 4 werden dekliniert; bei den Zahlen 3 und 4 haben das männliche und weibliche Geschlecht die gleiche Form.

Maskulinum	Femininum	Neutrum
ένας *(énaß)*	μία *(mía)*	ένα *(éna)*
τρεις *(triß)*	τρεις *(triß)*	τρία *(tria)*
τέσσερις *(téßeriß)*	τέσσερις *(téßeriß)*	τέσσερα *(téßera)*

Allgemein richten sich die Zahlwörter nach dem Geschlecht und der Zahl des Substantivs, das sie begleiten. Zum Zählen wird jedoch die Neutrum-Form gebraucht.

Beispiele:

Τέσσερις κάρτες *téßeriß kárteß*	vier Postkarten
τέσσερα πακέτα *téßera pakéta*	vier Pakete
τρεις εφημερίδες *triß efimerídheß*	drei Zeitungen
τέσσερα τσιγάρα *téßera tßighára*	vier Zigaretten
ένας καφές *énaß kaféß*	ein Kaffee
ένα νερό *éna neró*	ein Wasser

Der Kiosk

In Griechenland sieht man überall kleine Häuschen auf dem Bürgersteig. Dies sind Kioske, «περίπτερα», in denen alles mögliche verkauft wird, z. B. Schreib-, Tabak-, Drogeriewaren, Süßigkeiten usw.
Des weiteren kann man dort auch Briefmarken kaufen, falls ein Postamt nicht in der Nähe oder geschlossen ist (vgl. 17. Lektion).
Beim Kioskverkäufer kann man sich auch nach dem Weg erkundigen. Die Kioske sind den ganzen Tag geöffnet. Einige an zentralen Stellen gelegene haben auch nachts geöffnet, und ihre Dienste werden von den Bürgern laufend in Anspruch genommen.

V. Übungen

1. Setzen Sie die richtige Form folgender Verben ein:
έχω *(éeho)*, κάνω *(káno)*, θέλω *(thélo)*

a) .... γερμανικές εφημερίδες; (haben Sie)
... jermanikéß efimerídheß

b) .... ένα πακέτο τσιγάρα. (ich möchte)
... éna pakéto tßighára

c) Πόσο .... μία κάρτα; (»kostet«, macht)
póßo ... mía kárta

d) Όλα μαζί .... 200 δρχ. (»kosten«, machen)
óla masí ... dhiakóßieß dhra~~ch~~méß

e) Όχι, δεν .... (wir haben)
óchi, dhen ...

2. Bilden Sie jeweils

a) die Frage und

b) beantworten Sie sie verneinend:

Beispiel:

Είναι Ελληνίδα. *(íne Elinídha)* Sie ist Griechin.
Είναι Ελληνίδα; *(íne Elinídha)* Ist sie Griechin?
Όχι, δεν είναι Ελληνίδα. *(óchi, dhen íne Elinídha)* Nein, sie ist keine Griechin.

Έχετε γερμανικές εφημερίδες. *(échete jermanikéß efimerídheß)*
Θέλετε τσιγάρα. *(thélete tßighára)*
Είσαι Γάλλος. *(íße Gháloß)*
Είστε Γερμανίδα. *(íßte Jermanídha)*

3. Konjugieren Sie folgende Verben:

a) tun
– κάνω, κάνεις, ...
(*káno, kániß* usw.)

b) wollen
– θέλω, ...
(*thélo,* usw.)

c) haben
– έχω, ...
(*é~~ch~~o,* usw.)

4. Bilden Sie die Mehrzahl folgender Substantive:

η πορτοκαλάδα *(i portokaládha)*	– οι πορτοκαλάδες	Orangenlimonade
η εφημερίδα *(i efimerídha)*	–	Zeitung
το τσιγάρο *(to tßigháro)*	–	Zigarette
το ποτήρι *(to potíri)*	–	Glas
η κάρτα *(i kárta)*	–	Postkarte
το ούζο *(to úso)*	–	Ouzo
το νερό *(to neró)*	–	Wasser
η μπύρα *(i bíra)*	–	Bier

5. Schreiben Sie die folgenden Zahlen bitte vollständig aus.

– Θέλω .... (4) μπύρες.
(thélo [4] bíreß)
– Θέλουμε .... (3) μπύρες.
(thélume [3] bíreß)
– Θέλουμε .... (2) κάρτες.
(thélume [2] kárteß)
– Θέλουμε .... (3) πορτοκαλάδες.
(thélume [3] portokaládheß)
– Θέλω .... (1) νερό.
(thélo [1] neró)
– Θέλουμε .... (4) ούζα.
(thélume [4] úsa)
– Θέλω .... (1) πακέτο «καρέλια»
(thélo [1] pakéto «karélia»

Μάθημα πέμπτο *máthima pémbto*

Στο ξενοδοχείο *(ßto xenodhochío)*

Im Hotel

I. Text

(Πέτρος: *Π.*; Hotelier = ξενοδόχος: *ξ.*; Μαριάννα: *Μ.*)

Π.: Καλημέρα.
kaliméra
Θέλουμε ένα δίκλινο δωμάτιο με μπάνιο.
thélume éna dhíklino dhomátio me bánio

ξ.: Για πόσες ημέρες;
ja póßeß iméreß

Π.: Για τέσσερις ημέρες.
ja téßeriß iméreß

ξ.: Μια στιγμή.
miá ßtighmí
Ναι, για τέσσερις ημέρες έχουμε ένα ωραίο δωμάτιο.
ne, ja téßeriß iméreß é~~ch~~ume éna oréo dhomátio.

Π.: Πόσο κάνει;
póßo káni

ξ.: Κάνει 5000 (πέντε χιλιάδες) δραχμές.
káni 5000 (pénde chiliádheß) dhra~~ch~~méß

Π.: Με το πρωινό μαζί;
me to proïnó masí

ξ.: Ναι, με το πρωινό.
ne, me to proïnó

Ο ξενοδόχος δείχνει το δωμάτιο.
o xenodhóchoß dhíchni to dhomátio

M.: Το δωμάτιο είναι ωραίο.
to dhomátio íne oréo
Το μπάνιο είναι μεγάλο και το κρεβάτι είναι καλό.
to bánio íne meghálo ke to krewáti íne kaló
Έχετε ζεστό νερό;
échete seßtó neró

ξ.: Ναι, έχουμε ζεστό-κρύο νερό.
ne, échume seßtó-krío neró

Π.: Το ντουζ δεν είναι εντάξει.
to dus dhen íne endáxi

ξ.: Θα το φτιάξω αμέσως.
tha to ftiáxo améßoß

Π.: Εντάξει.
endáxi

ξ.: Το κλειδί σας. Καληνύχτα.
to klidhí‿ßaß kaliníchta

II. Wortschatz

πέμπτο	*pémbto*	fünfte
στο	*ßto*	im
το ξενοδοχείο, -α	*to xenodhochío, -a*	das Hotel
ο ξενοδόχος, -οι	*o xenodhóchoß, -i*	der Hotelier
θέλουμε	*thélume*	wir möchten
το δωμάτιο, -α	*to dhomátio, -a*	das Zimmer
το δίκλινο δωμάτιο	*to dhíklino dhomátio*	das Doppelzimmer
το μπάνιο, -α	*to bánio, -a*	das Badezimmer
για	*ja*	für
για πόσες	*ja póßeß*	für wie viele
η (η)μέρα, -ες	*i (i)méra, -eß*	der Tag
τέσσερις (ημέρες)	*téßeriß (iméreß)*	vier (Tage)
μία στιγμή	*mía ßtighmí*	einen Augenblick
η στιγμή	*i ßtighmí*	der Augenblick
πόσο	*póßo*	wieviel

5000 δρχ.	*5000 dhrachméß*	5000 Drachmen
(πέντε χιλιάδες	*(pénde chiliádheß*	
δραχμές)	*dhrachméß)*	
το πρωινό, -α	*to proïnó, -á*	das Frühstück
δείχνει	*dhíchni*	(er) zeigt
μεγάλος, -η, -ο	*megháloß, -i, -o*	groß
το κρεβάτι, -ια	*to krewáti, -ia*	das Bett
καλός, -η, -ο	*kalóß, -í, -ó*	gut
ζεστός, -ή, -ό	*seßtóß, -í, -ó*	warm
κρύος, -α, -ο	*krioß, -a, -o*	kalt
το ντουζ	*to dus*	die Dusche
θα	*tha*	*Futurpartikel*
το *(Akk.)*	*to*	es *(Personalpronomen)*
αμέσως	*améßoß*	sofort
καληνύχτα	*kaliníchta*	Gute Nacht
το κλειδί, -ιά	*to klidhí, -iá*	der Schlüssel
το κλειδί σας	*to klidhí‿ßaß*	Ihr Schlüssel

Redewendungen

Για πόσες ημέρες; *(ja póßeß iméreß)* Für wie viele Tage?
Θα το φτιάξω. *(tha to ftiáxo)*. Ich werde es reparieren.
Έχετε ζεστό νερό; *(échete seßtó neró)* Haben Sie (hat es, das Zimmer) warmes Wasser?

III. Übersetzung

(Hotelier: *H.*)
P.: Guten Tag! Wir möchten ein Doppelzimmer mit Bad. – *H.:* Für wie viele Tage? – *P.:* Für vier Tage. – *H.:* Einen Augenblick. Ja, für vier Tage haben wir ein schönes Zimmer (frei). – *P.:* Wieviel (kostet) macht es? – *H.:* Es (kostet) macht 5000 Dr. – *P.:* Mit Frühstück (zusammen)? – *H.:* Ja, mit Frühstück.
Der Hotelier zeigt das Zimmer.
M.: Das Zimmer ist schön. Das Badezimmer ist groß und das Bett ist gut. Haben Sie (hat es) warmes Wasser? – *H.:* Ja, wir haben (es hat) warmes und kaltes Wasser. – *P.:* Die Dusche ist nicht in Ordnung. – *H.:* Ich werde sie sofort reparieren. – *P.:* In Ordnung. – *H.:* Ihr Schlüssel. Gute Nacht.

IV. Grammatik

Die Deklination des bestimmten Artikels

Wie bereits in der 3. Lektion erwähnt, lautet der bestimmte Artikel:

ο *(o)* der **η** *(i)* die **το** *(to)* das

		Maskulinum	Femininum	Neutrum
Singular	Nom.	**ο** *(o)* der	**η** *(i)* die	**το** *(to)* das
	Akk.	**το(ν)** *(to[n])* den	**τη(ν)** *(ti[n])* die	**το** *(to)* das
Plural	Nom.	**οι** *(i)* die	**οι** *(i)* die	**τα** *(ta)* die
	Akk.	**τους** *(tuß)* die	**τις** *(tiß)* die	**τα** *(ta)* die

Beispiele:

Ο ξενοδόχος δείχνει το δωμάτιο.
o xenodhó~~ch~~oß dhí~~ch~~ni to dhomátio
Der Hotelier zeigt das Zimmer.

Ο ΄Ελληνας	*o ΄Elinaß*	der Grieche
οι ΄Ελληνες	*i ΄Elineß*	die Griechen
η εφημερίδα	*i efimerídha*	die Zeitung
οι εφημερίδες	*i efimerídheß*	die Zeitungen
το κρασί	*to kraßí*	der Wein
τα κρασιά	*ta kraßiá*	die Weine (Weinsorten)

Das Adjektiv im Neutrum

Die Adjektive (Eigenschaftswörter) richten sich immer nach dem Genus (Geschlecht) des Substantivs, das sie begleiten. Im Neutrum (sächlich) bekommen sie die Endung **«-o».** Sie werden wie die Substantive mit der Endung auf **«-o»** dekliniert, z. B.:

΄Εχουμε ένα ωραίο δωμάτιο. – Wir haben ein schönes Zimmer.
é~~ch~~ume éna oréo dhomátio
Το κρεβάτι είναι καλό. – Das Bett ist gut.
to krewáti íne kaló
΄Εχετε ζεστό νερό; – Haben Sie warmes Wasser?
échete seßtó neró

Wichtiger Hinweis

Anders als im Deutschen folgt im Neugriechischen nach dem Verb »sein« ein Adjektiv mit einer Endung, die in Geschlecht und Zahl mit dem Substantiv übereinstimmt, auf das sich das Adjektiv bezieht, z. B.:

Το δωμάτιο είναι ωραίο. – Das Zimmer ist schön.
to dhomátio íne oréo

Das Fragewort «πόσο» *(póßo)* »wieviel«

Auch das Fragewort **πόσο** richtet sich nach der Zahl und dem Geschlecht des Substantivs, das es begleitet.

		Maskulinum	Femininum	Neutrum
Singular	Nom.	**πόσος** *(póßoß)*	**πόση** *(póßi)*	**πόσο** *(póßo)*
	Akk.	**πόσο(ν)** *(póßo[n])*	**πόση** *(póßi)*	**πόσο** *(póßo)*
Plural	Nom.	**πόσοι** *(póßi)*	**πόσες** *(póßeß)*	**πόσα** *(póßa)*
	Akk.	**πόσους** *(póßuß)*	**πόσες** *(póßeß)*	**πόσα** *(póßa)*

Das Wort **(η)μέρες** *(iméreß)* (Plural von **η (η)μέρα** *(iméra)* der Tag) ist weiblich und dementsprechend bekommt das Fragewort die Endung **-ες.**

Για πόσες ημέρες; *(ja póßeß iméreß)* Für wie viele Tage?
Για τέσσερις ημέρες. *(ja téßeriß iméreß)* Für vier Tage.

Bei der Frage **πόσο κάνει** *(póßo káni)* »wieviel macht es« (vgl. 4. Lektion) wird die Neutrum-Form verwendet, da sich das Fragewort hier auf ein Verb bezieht.

Pluralformen

Im folgenden sind die Pluralformen der Substantive aufgeführt, die in dieser Lektion vorkommen.

Neutrum

το δωμάτιο – **τα** δωμάτι**α** Zimmer
(to dhomátio) *(ta dhomátia)*
το μπάνιο – **τα** μπάνι**α** Badezimmer
(to bánio) *(ta bánia)*

το κρεβάτι – **τα** κρεβάτ**ια** Bett(en)
(to krewáti) *(ta krewátia)*
το νερ**ό** – **τα** νερ**ά** Wasser (Wassersorten)
(to neró) *(ta nerá)*

Femininum

η λάμπ**α** – **οι** λάμπ**ες** Glühbirne(n), Lampe(n)
(i lámba) *(i lámbeß)*
η (η)μέρ**α** – **οι** (η)μέρ**ες** Tag(e)
(i [i]méra) *(i [i]méreß)*

Maskulinum

ο ξενοδόχ**ος** οι ξενοδόχ**οι** Hotelier(s)
(o xenodhóchoß) *(i xenodhóchi)*

Zur Erinnerung!

Vergessen Sie nicht (wie bereits in der 4. Lektion erwähnt), daß die Zahlen 1, 3 und 4 dekliniert werden; sie richten sich nach dem Geschlecht und der Zahl des Substantivs, das sie begleiten, z. B.:

για τέσσερις	ημέρες	*(ja téßeriß iméreß)*	für vier Tage
για τρεις	ημέρες	*(ja triß iméreß)*	für drei Tage
για μία	μέρα	*(ja mía méra)*	für einen Tag

Die Hotels

Eine Übernachtungsmöglichkeit findet man immer in Athen. Es gibt eine Fülle von Angeboten von der 1. Klasse mit fünf Sternen bis zur kleinen einfachen Pension.
Auf dem Lande und auf einigen Inseln gibt es auch die Möglichkeit, privat bei einer Familie Unterkunft zu finden. Wenn Sie dies wünschen, empfiehlt es sich, sich vorab beim Reiseveranstalter zu erkundigen oder die Griechische Fremdenverkehrszentrale in Frankfurt anzuschreiben.
Die Anschrift lautet: Neue Mainzer Str. 22
6000 Frankfurt

V. Übungen

1. Setzen Sie die richtige Form des bestimmten oder unbestimmten Artikels ein.

a) Ο ξενοδόχος δείχνει .... δωμάτιο.
o xenodhó~~ch~~oß dí~~ch~~ni ... dhomátio

b) Ορίστε .... καφές και το νερό.
oríßte ... kaféß ke to neró

c) Θέλω .... πορτοκαλάδα.
thélo ... portokaládha

d) Ορίστε .... κλειδί σας.
oríßte ... klidhí ßaß

e) Θέλουμε .... καφέ μέτριο.
thélume ... kafé métrio

f) Θέλουμε .... μπύρα.
thélume ... bíra

2. Fragen Sie den Hotelier ...

– ob das Frühstück im Preis enthalten ist.
– wie hoch der Preis ist.
– ob das Zimmer warmes Wasser hat.

3. Übersetzen Sie bitte:
Wir möchten ...

a) ein Doppelzimmer.
b) ein Zimmer mit Bad.
c) ein Zimmer für vier Tage.
d) ein Doppelzimmer mit Frühstück.

4. Übersetzen Sie:

a) Das Zimmer ist schön.
b) Haben Sie (hat es) warmes Wasser?
c) Für drei Tage.
d) Einen Augenblick.
e) Mit dem Frühstück zusammen? / Inklusive Frühstück?
f) Das Badezimmer ist groß und das Bett ist gut.
g) Ihr Schlüssel.

Μάθημα έκτο *máthima ékto*

Στην αγορά *(ßtin aghorá)*
Auf dem Markt

I. Text

(Μαριάννα: *M.*; Πέτρος: *Π.*; Gemüsehändler = μανάβης: *μαν.*)

Η Μαριάννα και ο Πέτρος πάνε με το λεωφορείο στην αγορά,
i Mariána ke o Pétroß páne me to leoforío ßtin aghora,
στην Ομόνοια. Δεξιά έχει τα λαχανικά και τα φρούτα,
ßtin Omónia dhexiá échi ta laehaniká ke ta frúta,
αριστερά έχει το κρέας και το ψάρι.
arißterá échi to kréaß ke to pßári

Εδώ έχει πολλά ωραία λαχανικά.
edhó échi polá oréa laehaniká
Η Μαριάννα βλέπει τα σύκα, τα σταφύλια, τα κεράσια ...
i Mariána wlépi ta ßíka, ta ßtafília, ta keráßia ...

μαν.: Ορίστε.
orißte
Τι θέλετε, παρακαλώ;
ti thélete, parakaló

M.: Έχετε ωραία φρούτα. Είναι φρέσκα;
échete oréa frúta íne freßka

μαν.: Ναι, φυσικά. Όλα τα φρούτα είναι φρέσκα.
ne, fißiká 'Ola ta frúta ine fréßka
Τα σύκα είναι γλυκά.
ta ßíka íne ghliká

M.: Σύκα δε θέλω.
ßíka dhe thélo
Τα μήλα είναι ωραία.
ta míla íne oréa
Θέλω δύο κόκκινα μήλα και ένα ωραίο καρπούζι.
thélo dhío kókina míla ke éna oréo karpúsi

μαν.: Ορίστε.
oríßte

M.: Πέτρο, θέλεις λίγα σταφύλια;
Pétro, théliß lígha ßtafília

Π.: Ναι.
ne

M.: Θέλουμε και 1 (ένα) κιλό άσπρα σταφύλια.
thélume ke 1 (éna) kiló áßpra ßtafília

μαν.: Ορίστε.
oríßte

M.: Ευχαριστώ. Τώρα θέλω το λογαριασμό.
ef~~ch~~arißto tóra thélo to loghariasmó

μαν.: Όλα μαζί κάνουν 2000 (δύο χιλιάδες) δραχμές.
óla masí kánun 2000 (dhío chiliádheß) dhra~~ch~~méß

M.: Ορίστε 2000 δραχμές.
oríßte 2000 (dhío chiliádheß) dhra~~ch~~méß

μαν.: Ευχαριστώ, αντίο.
ef~~ch~~arißtó, andío

II. Wortschatz

έκτο	*ékto*	sechste
στην	*ßtin*	*(hier:)* auf dem
η αγορά, -ές	*i aghorá, -éß*	der Markt
στην αγορά	*ßtin aghorá*	auf/zu dem Markt
με	*me*	mit
το λεωφορείο, -α	*to leoforío, -a*	der Bus

στην Ομόνοια	*ßtin Omónia*	am/zum Omonia-Platz
δεξιά	*dhexiá*	rechts
έχει	*échi*	es gibt
τα λαχανικά	*ta lachaniká*	das Gemüse
το φρούτο, -α	*to frúto, -a*	das Obst
αριστερά	*arißterá*	links
το κρέας, τα κρέατα	*to kréaß, ta kréata*	das Fleisch
το ψάρι, -ια	*to pßári, -ia*	der Fisch
πολλά *(N./Akk. Pl. n.)*	*polá*	viele
ωραία *(N./Akk. Pl. n.)*	*oréa*	schön
ωραία λαχανικά	*oréa lachaniká*	schönes Gemüse
βλέπει	*wlépi*	(sie) sieht
φρέσκος, -ια, -ο	*fréßko, -ia, -o*	frisch
φυσικά *(Adv.)*	*fißiká*	natürlich
το σύκο, -α	*to ßíko, -a*	die Feige
το σταφύλι, -α	*to ßtafíli, -a*	die Weintraube
το κεράσι, -ια	*to keráßi, -ia*	die Kirsche
γλυκός, -ή, -ό	*ghlikóß, -í, ó*	süß
το μήλο, -α	*to mílo, -a*	der Apfel
κόκκινα μήλα	*kókina míla*	rote Äpfel
το καρπούζι, -ια	*to karpúsi, -ia*	die Wassermelone
θέλεις	*théliß*	(du) möchtest
λίγα *(Nom./Akk. Pl. n.)*	*lígha*	einige, etwas
λίγα σταφύλια	*lígha ßtafília*	einige Weintrauben
το κιλό, -ά	*to kiló, -á*	das Kilo
άσπρος, -η, -ο	*áßproß, -i, -o*	weiß
τώρα	*tóra*	jetzt
ο λογαριασμός, -οι	*o loghariasmóß, -í*	die Rechnung

Redewendungen

Δεξιά έχει τα λαχανικά. Rechts gibt es (das) Gemüse.
dhexiá échi ta lachaniká

πολλά ωραία λαχανικά — viel schönes Gemüse
polá oréa lachaniká — (Das »Gemüse« gibt es im Griechischen nur im Plural.)

λίγα σταφύλια *lígha ßtafília*	einige/etwas Weintrauben
όλα μαζί κάνουν ... *óla masí kánun ...*	alles zusammen macht (kostet) ...

III. Übersetzung

(Gemüsehändler: *G.*)
Marianne und Peter fahren mit dem Bus auf den Markt, zum Omonia-Platz. Rechts gibt es Gemüse und Obst, links Fleisch und Fisch.
Hier gibt es viele schöne Früchte.
Marianne sieht die Feigen, die Weintrauben und die Kirschen.
...
G.: Bitte sehr. Was möchten Sie, bitte? – *M.:* Sie haben schönes Obst. Ist es frisch? – *G.:* Ja, natürlich. Alles (Obst) ist frisch. Die Feigen sind süß. – *M.:* Feigen möchte ich nicht. Die Äpfel sind schön. Ich möchte zwei rote Äpfel und eine schöne Wassermelone. – *G.:* Bitte sehr! – *M.:* Peter, möchtest Du etwas (einige) Weintrauben? – *P.:* Ja. – *M.:* Wir möchten noch ein Kilo (weiße) Weintrauben. – *G.:* Bitte sehr. – *M.:* Danke. Jetzt möchte ich die Rechnung. – *G.:* Alles zusammen (kostet) macht 2000 Dr. – *M.:* Bitte sehr, 2000 Dr. – *G.:* Danke, adieu.

IV. Grammatik

Das Adjektiv

Im folgenden sind die häufigsten Adjektive aufgelistet.
Die Adjektive richten sich in Geschlecht, Zahl und Fall immer nach dem dazugehörigen Substantiv.
Die Endungen lauten im Maskulinum auf **-ος**, im Femininum auf **-η** und im Neutrum auf **-ο**.

Maskulinum		Femininum		Neutrum		
λίγ**ος**	*(líghoß)*	λίγ**η**	*(líji)*	λίγ**ο**	*(lígho)*	etwas
γλυκ**ός**	*(ghlikóß)*	γλυκ**ή**	*(ghlikí)*	γλυκ**ό**	*(ghlikó)*	süß
καλ**ός**	*(kalóß)*	καλ**ή**	*(kalí)*	καλ**ό**	*(kaló)*	gut

Beispiele:

Τα σύκα είναι γλυκά. *ta ßíka íne ghliká*	Die Feigen sind süß.
Έχετε φρέσκα σύκα; *échete fréßka ßíka*	Haben Sie frische Feigen?
Θέλω ένα ωραίο μήλο. *thélo éna oréo mílo*	Ich möchte einen schönen Apfel.

Stellung des Adjektivs

Das Adjektiv kann im Neugriechischen unmittelbar vor dem Substantiv oder auch nach dem Verb stehen, wenn das Adjektiv hervorgehoben werden soll, z. B.:

Prädikativer Gebrauch:

Το μήλο είναι ωραίο. *to mílo íne oréo*	(betont) Der Apfel ist schön.

Attributiver Gebrauch:

Το ωραίο μήλο. *to oréo mílo*	Der schöne Apfel.

Bei einigen Adjektiven endet die Femininform auf **-α** statt auf **-η.** Das ist der Fall, wenn der Stamm

1. auf einen betonten Vokal oder
2. auf einen i-Laut endet.

Maskulinum	*Femininum*	*Neutrum*	
ωραί**ος** *oréoß*	– ωραί**α** – *oréa*	– ωραί**ο** – *oréo*	schön
κρύ**ος** *krioß*	– κρύ**α** – *kría*	– κρύ**ο** – *krío*	kalt

Beispiele:

ωραί**α** γυναίκ**α**	*(oréa jinéka)*	schöne Frau
κρύ**α** θάλασσ**α**	*(kría thálaßa)*	kaltes Meer

Die Farben

άσπρος, -η, -ο	*(áßproß, -i, -o)*	weiß
μαύρος, -η, -ο	*(máwroß, -i, -o)*	schwarz
κόκκινος, -η, -ο	*(kókinoß, -i, -o)*	rot

κίτρινος, -η, -ο	*(kítrinoß, -i, -o)*	gelb
πράσινος, -η, -ο	*(práßinoß, -i, -o)*	grün
μπλε, -ε, -ε	*(ble, -e, -e)*	blau
καφέ, -έ, -έ	*(kafé, -é, -é)*	braun
γκρι, -ι, -ι	*(gri, -i, -i)*	grau

Einige Farbbezeichnungen gehören zu den Adjektiven auf **-ος, -η, -ο.** Sie werden in der bekannten Weise dekliniert.
Die Adjektive auf **-ε** und **-ι** sind unveränderlich (Fremdwörter).

Plural und Akkusativ der maskulinen Substantive

Die Substantive, die im Singular auf **-ος** enden, sind männlich. Sie bilden den Plural wie folgt:

Singular:			
Nom.	**ο** ξενοδόχ**ος**	*o xenodhó~~ch~~oß*	der Hotelier
	ο Ισπαν**ός**	*o Ißpanóß*	der Spanier
Akk.	**τον** ξενοδόχ**ο**	*ton xenodhó~~ch~~o*	den Hotelier
	τον Ισπαν**ό**	*ton Ißpanó*	den Spanier

Plural:			
Nom.	**οι** ξενοδόχ**οι**	*i xenodhóchi*	die Hoteliers
	οι Ισπαν**οί**	*i Ißpaní*	die Spanier
Akk.	**τους** ξενοδόχ**ους**	*tuß xenodhó~~ch~~uß*	die Hoteliers
	τους Ισπαν**ούς**	*tuß Ißpanúß*	die Spanier

Weiter gibt es Maskulina auf **-ες** und **-ας.** Sie bilden den Plural wie folgt:

Singular:			
Nom.	**ο** καφ**ές**	*o kaféß*	der Kaffee
	ο Έλλην**ας**	*o 'Elinaß*	der Grieche
Akk.	**τον** καφ**έ**	*ton kafé*	den Kaffee
	τον Έλλην**α**	*ton 'Elina*	den Griechen

Plural:			
Nom.	**οι** καφέδες	*i kafédheß*	die Kaffees
	οι Έλληνες	*i 'Elineß*	die Griechen
Akk.	**τους** καφέδες	*tuß kafédheß*	die Kaffees
	τους Έλληνες	*tuß 'Elineß*	die Griechen

Beispiel:

Das Verb «πάω» *(páo)* »gehen«

Das Verb **πάω** besitzt eine umgangssprachliche Form, die wie folgt konjugiert wird:

1. P. Sg.	**πάω** *(páo)* ich gehe	1. P. Pl.	**πάμε** *(páme)* wir gehen
2. P. Sg.	**πάς** *(páß)* du gehst	2. P. Pl.	**πάτε** *(páne)* ihr geht
3. P. Sg.	**πάει** *(pái)* er geht	3. P. Pl.	**πάν(ε)** *(pán[e])* sie gehen

Das Verb **πάω** »gehen« wird auch anstelle von »fahren, laufen, reisen« gebraucht.
Ist das nicht praktisch?

Die unpersönliche Form «έχει» *(échi)* »es gibt«

Die Form des Verbs »haben« **έχει** bedeutet häufiger »es gibt« als »es hat«.

Die Zahlen 11–100

11 έντεκα *(éndeka)*	**21** είκοσι ένα *(íkoßi éna)*
12 δώδεκα *(dhódheka)*	**22** είκοσι δύο *(íkoßi dhío)*
13 δεκατρείς *m., f. (dhekatríß)*	
δεκατρία *n. (dhekatría)*	**30** τριάντα *(triánda)*
14 δεκατέσσερις *m., f. (dhekatéßeriß)*	**40** σαράντα *(ßaránda)*
δεκατέσσερα *n. (dhekatéßera)*	**50** πενήντα *(peninda)*
15 δεκαπέντε *(dhekapénde)*	**60** εξήντα *(exínda)*
16 δεκαέξι *(dhekaéxi)*	**70** εβδομήντα *(ewdhominda)*
17 δεκαεφτά *(dhekaeftá)*	**80** ογδόντα *(oghdhónda)*
18 δεκαοχτώ *(dhekaochtó)*	**90** ενενήντα *(enenínda)*
19 δεκαεννιά *(dhekaeniá)*	**100** εκατό(ν) *(ekató[n])*
20 είκοσι *(íkoßi)*	

Die Zahlen, die mit 1, 3, 4 zusammengesetzt werden, werden dekliniert und richten sich nach dem Geschlecht und der Zahl des Substantivs, das sie begleiten, z. B.:

53 πενήντα τρεις δρχ. *(peninda tríß dhrachméß)*
54 πενήντα τέσσερις δρχ. *(peninda téßeriß dhrachméß)*

13 δεκατρία κλειδιά *(dhekatría klidhiá)*
14 δεκατέσσερα λεωφορεία *(dhekatéßera leoforia)*

Wenn die Zahl ohne Zusatz gebraucht wird, dann wird die Neutrum-Form verwendet, z. B.:

23 είκοσι τρία *(íkoßi tría)*
24 είκοσι τέσσερα *(íkoßi téßera)*

V. Übungen

1. Setzen Sie die richtige Endung bei folgenden Substantiven ein:

Beispiel: Τα σύκα είναι γλυκά. *(ta ßíka íne ghliká)*

a) Πέτρο, θέλεις λίγ ... άσπρ ... σταφύλια;
Pétro, théliß lígh ... áßpr ... ßtafília

b) Τα μήλα είναι ωραί ...
ta míla íne oré ...

c) Έχετε φρέσκ ... φρούτα;
échete fréßk ... frúta

d) Εδώ έχει πολλ ... ωραί ... λαχανικά.
edhó échi pol ... oré ... lachaniká

2. Setzen Sie die richtige Form des Verbs «πάω» ein.

a) Πού .... η Μαριάννα; (sie geht)
pu ... i Mariána

b) .... στην Ομόνοια. (wir gehen)
... ßtin Omónia

c) Η Μαριάννα και ο Πέτρος .... με το λεωφορείο. (sie fahren)
i Mariána ke o Pétroß ... me to leoforío

d) Πού ....; (du gehst)
pu ...

e) .... στην αγορά. (ich gehe)
... ßtin aghorá

3. Übersetzen Sie.

a) Ich möchte zwei rote Äpfel.
b) Sie haben schönes Obst.
c) Wieviel kostet alles zusammen?
d) Die Feigen sind schön.
e) Peter, möchtest Du einige (weiße) Weintrauben?
f) Hier gibt es viel frisches Gemüse.

4. Bitte schreiben Sie die Zahlen (in Wörtern) aus.

a) 100 ....
b) 66 ....
c) 80 ....
d) 42 ....
e) 58 ....
f) 31 ....
g) 95 ....
h) 34 ....
i) 70 ....
k) 18 ....
l) 33 ....
m) 44 ....

5. Bilden Sie den Plural folgender Substantive (im Akkusativ).

– ένα δωμάτιο *(éna dhomátio)*	– δύο δωμάτια *(dhío dhomátia)*
– ένα μπάνιο *(éna bánio)*	– δύο ....
– ένα νερό *(éna neró)*	– τρία ....
– ένας καφές *(énaß kaféß)*	– τέσσερις ....
– ένας λογαριασμός *(énaß logharriasmóß)*	– δύο ....
– ένα μήλο *(éna mílo)*	– πέντε ....
– μία ημέρα *(mía iméra)*	– τέσσερις ....
– μία λάμπα *(mía lámba)*	– δύο ....

Μάθημα έβδομο *máthima éwdhomo*

Στην Ακρόπολη *(ßtin Akrópoli)*
Auf der Akropolis

I. Text

(Πέτρος: *Π.*; ξενοδόχος: *ξ.*; Μαριάννα: *Μ.*; ταξιτζής: *τ.*; Eintrittskartenverkäufer = Υπάλλυλος: Υ.)

Π.: Συγγνώμη, πού έχει εδώ κοντά ταξί για την Ακρόπολη;
ßighnómi, pu échi edho kondá taxí ja tin Akrópoli

ξ.: Εδώ απέναντι από το περίπτερο είναι πιάτσα για ταξί.
edhó apénandi apó to períptero íne piátßa ja taxí

Π.: Α! μάλιστα .... Ευχαριστώ.
a málißta ... efcharißtó

Ο Πέτρος και η Μαριάννα πάνε στην πιάτσα για ταξί.
o Pétroß ke i Mariána páne ßtin piátßa ja taxí

Μ.: Είστε ελεύθερος; Θέλουμε να πάμε στην Ακρόπολη.
ißte eléftheroß thélume na páme ßtin Akrópoli

τ.: Μάλιστα. Περάστε.
málißta peráßte

Ο Πέτρος και η Μαριάννα μπαίνουν μέσα στο ταξί.
o Pétroß ke i Mariána bénun méßa ßto taxí

Π.: Πόσο κοστίζει περίπου μέχρι την Ακρόπολη;
póßo koßtísi perípu méchri tin Akrópoli

τ.: Περίπου 2000 (δύο χιλιάδες) δρχ.
perípu 2000 (dhío chiliádheß) dhrachméß

Π.: Εντάξει.
endáxi

Το ταξί φτάνει στην Ακρόπολη.
to taxi ftáni ßtin Akrópoli

Ο Πέτρος δίνει στον ταξιτζή τα λεφτά.
o Pétroß dhíni ßton taxidsí ta leftá

Κάθε μέρα είναι στην Ακρόπολη πολύς κόσμος. Όλοι θέλουν
káthe méra íne ßtin Akrópoli políß kósmoß oli thélun
να δουν την Ακρόπολη.
na dhun tin Akrópoli

Ο Πέτρος και η Μαριάννα αγοράζουν δύο εισιτήρια για την
o Pétroß ke i Mariána aghorásun dhío ißitíria ja tin
Ακρόπολη και το μουσείο.
Akrópoli ke to mußío

Μ.: Θέλουμε δύο εισιτήρια.
thélume dhío ißitíria
Πόσο κοστίζουν;
póßo koßtísun

Υ.: Κοστίζουν 300 (τριακόσιες) δρχ.
koßtísun 300 (triakóßieß) dhrachméß

Μ.: Ορίστε 300 δρχ.
oríßte 300 (triakóßieß) dhrachméß

Ο Πέτρος και η Μαριάννα βλέπουν την Ακρόπολη και το
o Pétroß ke i Mariána wlépun tin Akrópoli ke to
μουσείο.
mußío

Μετά πάνε στη ρωμαϊκή αγορά, πίσω από την Ακρόπολη.
metá páne ßti romaïkí aghorá, píßo apó tin Akrópoli

Δεξιά είναι η Πλάκα με τα παλαιά σπίτια και την αγορά.
dhexiá íne i Pláka me ta paleá ßpítia ke tin aghorá

Εκεί είναι πολλά μαγαζιά και πολλές ταβέρνες.
ekí íne polá maghasiá ke poléß tawérneß

II. Wortschatz

Ab dieser Lektion sind die Verben im Infinitiv aufgeführt.

έβδομο	*éwdhomo*	siebente
στην Ακρόπολη	*ßtin Akrópoli*	auf der/auf die Akropolis
συγγνώμη	*ßighnómi*	Verzeihung
κοντά	*kondá*	in der Nähe
(για) την Ακρόπολη	*(ja) tin Akrópoli*	für die Akropolis
απέναντι	*apénandi*	gegenüber
η πιάτσα για ταξί	*i piátßa ja taxí*	Taxistand
ελεύθερος, -η, -ο	*eléftheroß, -i, -o*	frei
πάω	*páo*	fahren
περάστε	*peráßte*	treten Sie ein (*hier:* steigen Sie ein)
μπαίνω	*béno*	eintreten (*hier:* einsteigen)
μέσα	*méßa*	in
πόσο κοστίζει	*póßo koßtísi*	wieviel kostet
κοστίζω	*koßtíso*	kosten
περίπου	*perípu*	etwa, ungefähr
μέχρι	*méchri*	bis
δύο χιλιάδες δρχ.	*2000 dhrachméß (dhío chiliádheß)*	2000 Drachmen
φτάνω	*ftáno*	ankommen
δίνω	*dhíno*	geben
ο ταξιτζής	*o taxidsíß*	der Taxifahrer
στον ταξιτζή	*ßton taxidsí*	dem Taxifahrer
τα λεφτά	*ta leftá*	das Geld
κάθε μέρα	*káthe méra*	jeden Tag
πολύς	*políß*	viel
ο κόσμος	*o kósmoß*	die Leute
όλοι	*óli*	alle
να δουν	*na dhun*	um zu sehen
αγοράζω	*aghoráso*	kaufen
το εισιτήριο, -α	*to ißitírio, -a*	die Eintrittskarte
το μουσείο, -α	*to mußío*	das Museum
300 (τριακόσιες) δρχ.	*300 dhrachméß (triakóßieß)*	300 Drachmen
βλέπω	*wlépo*	sehen

7

μετά	*metá*	danach
ρωμαϊκή αγορά	*romaïkí aghorá*	Römischer Markt
πίσω από	*píßo apó*	hinten
η Πλάκα	*i Pláka*	die Plaka (Altstadt von Athen)
με	*me*	mit
παλαιός, -ά, -ό	*paleóß, -á, -ó*	alt
το σπίτι, -ια	*to ßpíti, -ia*	das Haus
εκεί	*ekí*	dort
το μαγαζί, -ιά	*to maghasí, -iá*	das Geschäft
πολλές *(Nom./Akk. Pl. f.)*	*poléß*	viele
πολύ *(Adv.)*	*polí*	sehr
η ταβέρνα, -ες	*i tawérna, -eß*	die Taverne

Redewendungen

πιάτσα για ταξί *(piátßa ja taxí)* Taxistand
θέλουμε να πάμε *(thélume na páme)* wir möchten gehen/fahren
Το ταξί φτάνει στην Ακρόπολη. *(to taxí ftáni ßtin Akrópoli)* Das Taxi kommt an der Akropolis an.
πολύ ωραίο *(polí oréo)* sehr schön
ευχαριστώ πολύ *(efcharistó polí)* Vielen Dank (*wörtl.:* Ich danke sehr)

III. Übersetzung

(Hotelier: *H.*; Taxifahrer: *T.*; Eintrittskartenverkäufer: *E.*)
P.: Verzeihung, wo gibt es hier in der Nähe Taxis, die zur Akropolis fahren? – *H.:* Hier, dem Kiosk gegenüber ist der Taxistand. – *P.:* Ah! ... jawohl, danke.

Peter und Marianne gehen zum Taxistand.
M.: Sind Sie frei? Wir möchten zur Akropolis fahren. – *T.:* Jawohl. Steigen Sie ein.

Peter und Marianne steigen in das Taxi ein.
P.: Wieviel kostet es ungefähr bis zur Akropolis? – *T.:* Ca. 2000 Dr. – *P.:* In Ordnung.

Das Taxi kommt an der Akropolis an.
Peter gibt dem Taxifahrer das Geld. Auf der Akropolis sind jeden Tag viele Menschen. Alle möchten die Akropolis sehen. Peter und Marianne kaufen zwei Eintrittskarten für die Akropolis und das Museum.
M.: Wir möchten zwei Eintrittskarten. Wieviel kosten sie? – *E.:* Sie kosten 300 Dr.

Peter und Marianne besichtigen die Akropolis und das Museum. Danach gehen sie auf den »Römischen Markt« hinter der Akropolis. Rechts ist (liegt) die Plaka mit den alten Häusern und dem Markt. Dort sind viele Geschäfte und Tavernen.

IV. Grammatik

Die Präpositionen

Die meisten Präpositionen im Neugriechischen verlangen den Akkusativ (Wen-Fall). Sie werden in zwei Gruppen eingeteilt, in **a)** *einfache* und **b)** *zusammengesetzte.*

a) Die einfachen Präpositionen

- **για** *(ja)* = als, für

Δύο εισιτήρια **για** την Ακρόπολη *dhío ißitíria ja tin Akrópoli*	Zwei Eintrittskarten für die Akropolis.

- **μέχρι** *(méchri)* = bis

Πόσο κοστίζει **μέχρι** την Ακρόπολη; *póßo koßtísi méchri tin Akrópoli*	Wieviel kostet es bis zur Akropolis?

- **με** *(me)* = mit

Πάω **με** τα πόδια. *páo me ta pódhia*	Ich gehe zu Fuß.
Καφέ **με** ζάχαρη. *kafé me sáchari*	Kaffee mit Zucker.

- **από** *(apó)* = von, aus, je

Από πού είσαι; Είμαι **από** την Ελλάδα. *apó pu íße íme apo tin Eládha*	Woher kommst Du? Ich bin aus Griechenland.

- **σε** *(ße)* = in, an, auf, bei, nach

  Πάω **στην** αγορά. — Ich gehe auf den Markt.
  páo ßtin aghorá

  Το ταξί φτάνει **στην** Ακρόπολη. — Das Taxi kommt an der Akropolis an.
  to taxí ftáni ßtin Akrópoli

- **χωρίς** *(choríß)* = ohne

  Θέλω έναν καφέ **χωρίς** ζάχαρη. — Ich möchte einen Kaffee ohne Zucker.
  thélo énan kafé choríß sáchari

Die Präposition **σε** verliert das «ε» vor dem bestimmten Artikel. Das «**σ**» bildet dann mit dem Akkusativ folgende Formen. (Die Formen entsprechen dem Dativ [Wem-Fall] im Deutschen.)

	Maskulinum	**Femininum**	**Neutrum**
Sg.	σε + το(ν) → στο(ν) *ßto(n)*	σε + τη(ν) → στη(ν) *ßti(n)*	σε + το → στο *ßto*
Pl.	σε + τους → στους *ßtuß*	σε + τις → στις *ßtiß*	σε + τα → στα *ßta*

b) Die zusammengesetzten Präpositionen

Sie setzen sich aus einem Adverb (Umstandswort) und einer der drei folgenden Präpositionen **από, με, σε** zusammen.

- **απέναντι από** *(apénandi apó)* = gegenüber

  Εδώ **απέναντι από** το περίπτερο. — Hier dem Kiosk gegenüber.
  edhó apénandi apó to períptero

- **μέσα σε** *(méßa ße)* = (drinnen) in

  Μέσα στο ταξί. — Im Taxi.
  méßa ßto taxí

- **πίσω από** *(píßo apó)* = hinter

  Πίσω από την Ακρόπολη. — Hinter der Akropolis.
  píßo apó tin Akrópoli

- **πάνω σε** *(páno ße)* = auf

  Πάνω στο ταξί. — Auf dem Taxi.
  páno ßto taxí

- **κάτω από** *(káto apó)* = unter

  Κάτω από το κρεβάτι. — Unter dem Bett.

  káto apó to krewáti

Das Adverb

Das Adverb wird durch das Anhängen der Endung **-α** gebildet. Es bleibt immer unverändert. In der Regel werden alle Adverbien von Adjektiven abgeleitet.

μακριά	*(makriá)*	weit	κοντά	*(kondá)*	in der Nähe
γλυκά	*(ghliká)*	süß	ωραία	*(oréa)*	schön
καλά	*(kalá)*	gut			

Eine Ausnahme bilden folgende Adverbien:

λίγο	*(lígho)*	etwas	πολύ	*(polí)*	viel
ευτυχώς	*(eftichóß)*	zum Glück	δυστυχώς	*(dhißtichóß)*	leider
βεβαίως	*(wewéoß)*	sicherlich			

Die Zahlen 200–1000

	m.	f.	n.		m.	f.	n.
200	διακόσιοι	-ες	-α	**600**	εξακόσιοι	-ες	-α
	dhiakóßii	*-eß*	*-a*		*exakóßii*	*-eß*	*-a*
300	τριακόσιοι	-ες	-α	**700**	επτακόσιοι	-ες	-α
	triakóßii	*-eß*	*-a*		*eptakóßii*	*-eß*	*-a*
400	τετρακόσιοι	-ες	-α	**800**	οκτακόσιοι	-ες	-α
	tetrakóßii	*-eß*	*-a*		*oktakóßii*	*-eß*	*-a*
500	πεντακόσιοι	-ες	-α	**900**	εννιακόσιοι	-ες	-α
	pendakóßii	*-eß*	*-a*		*eniakóßii*	*-eß*	*-a*
				1.000	χίλιοι	-ες	-α
					chílii	*-eß*	*-a*

Auch diese Zahlen richten sich nach dem Geschlecht und der Zahl des Substantivs, das sie begleiten, z. B.:

300 τριακόσιες δρχ.
triakóßieß dhrachméß

360 τριακόσιες εξήντα δρχ.
triakóßieß exínda dhrachméß

500 πεντακόσιες δρχ.
pendakóßieß dhrachméß

500 πεντακόσιες ογδόντα δρχ.
pendakóßieß oghdhónda dhrachméß

Modalverben

Im Neugriechischen gibt es folgende Modalverben (Zeitwörter der Art und Weise):

θέλω	*(thélo)*	wollen, mögen
μπορώ	*(boró)*	können
πρέπει	*(prépi)*	müssen, sollen *[wörtl.:* es muß *unpersönlich]*
επιτρέπεται	*(epitrépete)*	dürfen *[wörtl.:* es darf *unpersönlich]*

Πρέπει und **επιτρέπεται** werden immer unpersönlich gebraucht. Diese Formen gelten sowohl für den Singular als auch für den Plural.

Die Stellung im Satz

Der Satzbau ist anders als im Deutschen. Im Neugriechischen folgt direkt nach dem Modalverb die unveränderliche Partikel (Füllwort) **να.**
Nach der Partikel **να** folgen das Verb und die übrigen Satzglieder, z. B.:

Θέλω να πάω με το λεωφορείο. Ich möchte mit dem Bus fahren.
thélo na páo me to leoforío
Θέλουμε να πάμε ... Wir möchten ... fahren.
thélume na páme ...

Das Adjektiv πολύς, πολλή, πολύ »viel«

Wie alle Adjektive richtet sich auch **πολύς, πολλή, πολύ** *(políß, polí, polí)* »viel« nach dem Substantiv, das es begleitet. Das Wort **πολύ** wird, wenn man es adjektivisch gebraucht, wie folgt dekliniert und geschrieben. (Beachten Sie die Verdoppelung des **-λ** in den Pluralformen sowie im Singular Femininum.)

	Maskulinum	Femininum	Neutrum
Nom.	**πολύς** *(políß)*	**πολλή** *(polí)*	**πολύ** *(polí)*
Akk.	**πολύ** *(polí)*	**πολλή** *(polí)*	**πολύ** *(polí)*
Nom.	**πολλοί** *(polí)*	**πολλές** *(poléß)*	**πολλά** *(polá)*
Akk.	**πολλούς** *(polúß)*	**πολλές** *(poléß)*	**πολλά** *(polá)*

Beispiele:

Nominativ:

η ταβέρνα	πολλές ταβέρνες
i tawérna	*poléß tawérneß*

Nominativ:

το μαγαζί	πολλά μαγαζιά
to maghasí	*polá maghasiá*

V. Übungen

1. Setzen Sie die richtigen Präpositionen ein:

απέναντι	από,	στο(ν),	στη(ν),	μέσα στο,	μέχρι,	για
apénandi	*apó*	*ßto(n)*	*ßti(n)*	*méßa ßto*	*méchri*	*ja*

a) Πόσο κοστίζει .... την Ακρόπολη;
póßo koßtísi ... tin Akrópli

b) Ο Πέτρος και η Μαριάννα μπαίνουν .... ταξί.
o Pétroß ke i Mariána bénun ... ... taxí

c) Θέλουμε να πάμε .... Ακρόπολη.
thélume na páme ... Akrópoli

d) Εδώ .... το περίπτερο είναι πιάτσα για ταξί.
edhó ... ... to períptero íne piátßa ja taxí

e) Ο Πέτρος δίνει ... ταξιτζή τα λεφτά.
o Pétroß dhíni ... taxidsí ta leftá

f) Ο Πέτρος και η Μαριάννα αγοράζουν δύο εισιτήρια .....
o Pétroß ke i Mariána aghorásun dhío ißitíria ...
την Ακρόπολη.
tin Akrópoli

g) Μετά πάνε .... ρωμαϊκή αγορά.
metá páne ... romaïkí aghorá

2. Setzen Sie die Formen von «πολύς» richtig ein.

a) Εκεί είναι .... μαγαζιά. *(ekí íne ... maghasiá)*
b) Εκεί είναι .... ταβέρνες. *(ekí íne ... tawérneß)*
c) Έχετε .... εφημερίδες. *(échete ... efimerídheß)*
d) Έχουμε .... πακέτα. *(échume ... pakéta)*

3. Setzen Sie die Adverbien ein.

a) Είναι πολύ .... (schön) *(íne polí ...)*
b) Είσαι .... ; (gut) *(íße ...)*
c) Πού έχει εδώ .... ταξί; (in der Nähe) *(pu échi edhó ... taxí)*
d) Ευχαριστώ .... (sehr) *(efcharißtó)*

4. Übersetzen Sie folgende Sätze.

a) Wieviel kostet es ungefähr bis zur Akropolis?
b) Verzeihung, wo gibt es hier in der Nähe Taxis?
c) Wir möchten zwei Eintrittskarten.
d) Peter gibt dem Taxifahrer das Geld.
e) Wir möchten zur Akropolis fahren.
f) Hier dem Kiosk gegenüber ist ein Taxistand.
g) Dort sind viele Geschäfte und viele Tavernen.
h) Rechts ist die Plaka.

5. Bitte schreiben Sie folgende Zahlen in Wörtern aus.

a) 223 .... δρχ.
b) 314 .... δρχ.
c) 688 .... δρχ.
d) 580 .... δρχ.
e) 366 .... δρχ.
f) 180 .... δρχ.
g) 889 .... δρχ.
h) 1000 .... δρχ.
i) 475 .... δρχ.
k) 743 .... δρχ.

Μάθημα όγδοο *máthima óghdhoo*

Μία επίσκεψη *(mía epíßkepßi)*

Ein Besuch

I. Text

(Πέτρος: *Π.*; Μαριάννα: *Μ.*; Γιάννης: *Γ.*; Μαρία: *Μα.*; Νίκος: *Ν.*; Βάσω: *Β.*)

Ο Πέτρος και η Μαριάννα πάνε στο σπίτι του Γιάννη.
o Pétroß ke i Mariána páne ßto ßpíti tu Jiáni
Η γυναίκα του Γιάννη, η Μαρία, ανοίγει την πόρτα.
i jinéka tu Jiáni, i María, aníji tin pórta

Π.: Χαίρετε!
chérete

Μα.: Χαίρετε. Καλώς ήρθατε, περάστε.
chérete kalóß írthate peráßte

Π.: Ευχαριστώ. Από 'δώ η γυναίκα μου, η Μαριάννα.
efcharißtó apó dho i jinéka mu, i Mariána

8

Μα.: Χαίρω πολύ. Με λένε Μαρία.
chéro polí me léne María

Μ.: Χαίρω πολύ.
chéro polí

Μα.: Καθήστε! Ο Γιάννης έρχεται αμέσως.
kathißte o Jiániß érchete améßoß
Τι θέλετε, καφέ ή λικέρ;
ti thélete, kafé í likér

Π.: (Εγώ) θέλω έναν καφέ ελληνικό.
(eghó) thélo énan kafé elinikó

Μ.: Και εγώ το ίδιο.
ke eghó to ídhio

Κτυπάει το κουδούνι. Έρχονται επισκέψεις.
ktipái to kudhúni érchonde epißképßiß

Μα.: Από 'δώ η Μαριάννα και ο Πέτρος, φίλοι του Γιάννη.
apó dho i Mariána ke o Pétroß, fíli tu Jiáni
Και από 'δώ ο αδελφός μου, ο Νίκος και η φίλη του, η Βάσω.
ke apó dho o adhelfóß mu, o Níkoß ke i fíli tu, i Wásso

Π.: Χαίρω πολύ.
chéro polí

Μ.: Χαίρω πολύ.
chéro polí

Ν.: Είστε Γερμανοί;
ißte Jermaní

Π.: Ναι, είμαστε απ' τη Στουτγκάρδη και εσείς είστε Έλληνες;
ne ímaßte ap' ti Stutgardhi ke eßiß ißte 'Elineß

Ν.: Ναι, ναι.
ne, ne

Τώρα έρχεται και ο Γιάννης.
tóra érchete ke o Jiániß

Γ.: Καλησπέρα. Καλώς ήρθατε!
kalißpéra kalóß írthate

II. Wortschatz

όγδοο	*óghdhoo*	achte
η επίσκεψη, -εις	*i epíßkepßi, -iß*	der Besuch
του (Γιάννη)	*tu (Jiáni)*	von (des) Johannes
ανοίγω	*anígho*	öffnen
η γυναίκα του	*i jinéka tu*	seine Frau
η πόρτα, -ες	*i pórta, -eß*	die Tür
χαίρετε	*chérete*	Guten Tag
χαίρω πολύ	*chéro polí*	es freut mich sehr
έρχομαι	*érchome*	kommen
ή	*i*	oder
το λικέρ	*to likér*	der Likör
το ίδιο	*to ídhio*	das gleiche
κτυπάω	*ktipáo*	läuten
το κουδούνι, -ια	*to kudhúni, -ia*	die Klingel
ο αδελφός, -οί	*o adhelfóß, -í*	der Bruder
ο αδελφός μου	*o adhelfós‿mu*	mein Bruder
η φίλη, -ες	*i fíli, -eß*	die Freundin
είμαστε	*ímaßte*	wir sind
καλησπέρα	*kalißpéra*	Guten Abend

Redewendungen

το σπίτι του Γιάννη *to ßpíti tu Jiáni*	das Haus von (des) Johannes
καλώς ήρθατε *kalóß írthate*	willkommen
περάστε *peráßte*	treten Sie ein/kommen Sie herein
από 'δώ είναι ... *apó dho íne ...*	dies ist (*wörtl.:* von hier) ...
Χαίρω πολύ. *chéro polí*	Es freut mich/uns sehr.

III. Übersetzung

(Maria: *Ma.;* Nikos: *N.;* Johannes: *J.*)
Peter und Marianne gehen ins Haus von Johannes. Die Frau von Johannes, Maria, öffnet die Tür.

P.: Guten Tag. – *Ma.:* Guten Tag! Willkommen, kommen Sie herein, kommen Sie herein. – *P.:* Danke. Dies ist meine Frau, Marianne. – *Ma.:* Es freut mich sehr. Ich heiße Maria. – *M.:* Es freut mich sehr. – *Ma.:* Setzen Sie sich. Johannes kommt sofort. Was möchten Sie trinken, Kaffee oder Likör? – *P.:* Ich möchte einen griechischen Kaffee. – *M.:* Ich auch (das gleiche).

Die Klingel läutet. Besuch kommt.

Ma.: Dies sind Marianne und Peter, Freunde von Johannes. Und das sind mein Bruder Nikos und seine Freundin Vasso. – *P.:* Es freut mich sehr. – *M.:* Es freut mich sehr. – *N.:* Sind Sie Deutsche? – *P.:* Ja, wir sind aus Stuttgart, und Sie, sind Sie (beide) Griechen? – *N.:* Ja, ja.
Jetzt kommt auch Johannes. – *J.:* Guten Abend! Willkommen.

IV. Grammatik

Der Genitiv

Der Genitiv (Wes-Fall) wird bei den Maskulina auf **-ος** durch das Anhängen der Endung **-ου** gebildet. Bei den Maskulina auf **-ης** fällt das **-ς** weg.
Bei den Feminina wird der Genitiv durch das Anhängen der Endung **-ς** gebildet.

Der Genitiv des bestimmten Artikels

	Maskulinum	Femininum	Neutrum
Singular	του *(tu)* des	της *(tiß)* der	του *(tu)* des
Plural	των *(ton)* der	των *(ton)* der	των *(ton)* der

Beispiele:

του Πέτρου	*(tu Pétru)*	von (des) Peter
του Νίκου	*(tu Níku)*	von (des) Nikos
του Γιάννη	*(tu Jiáni)*	von (des) Johannes
της Μαρίας	*(tiß Mariaß)*	von (der) Maria
της Μαριάννας	*(tiß Mariánaß)*	von (der) Marianne
της Άννας	*(tiß 'Anaß)*	von (der) Anne

Die Begrüßung «χαίρετε» *(chérete)* »Guten Tag/Seien Sie gegrüßt«

Mit der Form **χαίρετε** können Sie entweder eine Person oder mehrere Personen begrüßen.

Die Vorstellungsform «χαίρω πολύ» *(chéro polí)* »es freut mich sehr«

Hierbei handelt es sich um einen feststehenden Ausdruck, der immer bei der Vorstellung von anderen Personen eingesetzt wird. Es ist üblich, daß dabei kräftig die Hände geschüttelt werden.

Das Verb «έρχομαι» *(érchome)* »kommen«

έρχ-**ομαι** *érchome*	(ich) komme	ερχ-**όμαστε** *erchómaßte*	(wir) kommen
έρχ-**εσαι** *ércheße*	(du) kommst	έρχ-**εστε** *ércheßte*	(ihr) kommt, (Sie) kommen
έρχ-**εται** *érchete*	(er) kommt	έρχ-**ονται** *érchonde*	(sie) kommen

Der Artikel vor Namen

Alle Namen werden im Neugriechischen, anders als im Deutschen, von dem bestimmten Artikel begleitet.

Beispiele:

η Μαριάννα *i Mariána*	**η** Μαρία *i Maria*	**η** Άννα *i 'Ana*
ο Νίκος *o Níkoß*	**ο** Πέτρος *o Pétroß*	**ο** Γιάννης *o Jiániß*

Der Artikel fällt nur dann weg, wenn die Personen direkt angesprochen werden (Vokativ [Anredefall]), z. B.:

Μαρία, πού είσαι; *(Maria, pu iße)* Maria, wo bist du?
Νίκο, πού είσαι; *(Níko, pu iße)* Niko, wo bist du?

Das Possessivpronomen

Das Possessivpronomen (besitzanzeigendes Fürwort) steht immer hinter dem Substantiv, auf das es sich bezieht, und ist in der Aussprache mit ihm verbunden (Substantiv und Possessivpronomen werden in einem Atemzug ausgesprochen). Anders als im Deutschen behält das Substantiv seinen Artikel.

μου	*(mu)*	mein/meine/mein	μας	*(maß)*	unser/unsere/unser
σου	*(ßu)*	dein/deine/dein	σας	*(ßaß)*	euer/eure/euer
του	*(tu)*	sein/seine/sein			Ihr/Ihre/Ihr
της	*(tiß)*	ihr/ihre/ihr	τους	*(tuß)*	ihr/ihre/ihr
του	*(tu)*	sein/seine/sein			

Beispiele:

η φίλη του	*(i fili‿tu)*	seine Freundin
ο αδελφός μου	*(o adhelfós‿mu)*	mein Bruder
το ούζο μου	*(to úso‿mu)*	mein Ouzo
το κρασί σου	*(to kraßi‿ßu)*	dein Wein
ο καφές της	*(o kaféß‿tiß)*	ihr Kaffee
το εισιτύριό μου	*(to ißitírió‿mu)*	meine Eintrittskarte/Fahrkarte

Beachten Sie, daß Wörter, die auf der drittletzten Silbe betont werden und ein Possessivpronomen nach sich ziehen, einen weiteren Akzent auf der letzten Silbe erhalten.

V. Übungen

1. Konjugieren Sie das Verb έρχομαι *(érchome)* »kommen«.
έρχομαι, ..., ...,
..........., ..., ...

2. Übersetzen Sie bitte:

a) Johannes kommt sofort.
b) Es freut mich sehr.
c) Guten Tag.
d) Sind Sie Deutsche?
e) Guten Abend. Willkommen.
f) Kommen Sie herein!
g) Dies ist meine Frau, Marianne.

3. Sie haben Johannes und seine Frau eingeladen.
- Heißen Sie sie willkommen, und bitten Sie sie einzutreten.
- Fragen Sie, ob die beiden Kaffee oder Orangenlimonade trinken wollen.
- Stellen Sie Ihre Frau vor.
- Maria sagt, daß sie sich freut und daß sie Maria heißt.
- Peter sagt, daß er einen griechischen Kaffee möchte.
- Marianne sagt, daß sie ebenfalls einen Kaffee möchte (das gleiche).

4. Setzen Sie folgende Namen im Genitiv ein.

a) ο αδελφός .... (von Johannes) *(o adhelfóß ...)*
b) το σπίτι .... (von Maria) *(to ßpíti ...)*
c) η γυναίκα .... (von Peter) *(i jinéka ...)*
d) φίλοι .... (von Anne) *(fíli ...)*

5. Setzen Sie bitte die entsprechenden Possessivpronomen ein. Ergänzen Sie außerdem jeweils den bestimmten Artikel.

(mein) το νερό μου
to neró mu

(sein)	...... λογαριασμός ...... *loghariasmóß*	(unser)	...... κρασί ...... *kraßí*
(ihr)	...... δραχμή ...... *dhrachmí*	(meine)	...... εφημερίδα ...... *efimerídha*
(eure)	...... μήλα ...... *míla*	(deine)	...... κάρτα ...... *kárta*
(deine)	...... σύκα ...... *ßíka*	(meine)	...... γυναίκα ...... *jinéka*
(ihre)	...... φίλη ...... *fíli*	(eure)	...... λεμονάδα ...... *lemonádha*

Μάθημα ένατο *máthima énato*

Με το καράβι στην Αίγινα *(me to karáwi ßtin 'Ejina)*
Mit dem Schiff nach Ägina

I. Text

(Μαριάννα: *Μ.*; Πέτρος: *Π.*; Υπάλλυλος: *Υ.*; νέος = Junge: *ν.*)

Από τον Πειραιά φεύγουν καράβια και φέρυ-μπωτ για τα νησιά.
apó ton Pireá féwghun karáwia ke féri-bot ja ta nißiá

Το καλοκαίρι έχει κάθε μέρα καράβια για τα νησιά. Ο Πέτρος πάει στο γραφείο ταξιδίων, στο λιμάνι και ρωτάει τον υπάλληλο.
to kalokéri échi káthe méra karáwia ja ta nißiá o Pétroß pái ßto ghrafío taxidhíon ßto limáni ke rotái ton ipálilo

Π.: Ποιο καράβι πάει στην Αίγινα;
pjo karáwi pái ßtin 'Ejina

Υ.: Για την Αίγινα φεύγει το καράβι «ο Αλέξανδρος», εκεί δεξιά.
ja tin 'Ejina féwji to karáwi »o Aléxandhroß« ekí dhexiá

Κάνει 2 (δύο) ώρες. Η Αίγινα είναι κοντά.
káni dhío óreß i 'Ejina íne kondá

Π.: Πότε φεύγει;
póte féwji

Υ.: Σε 1/2 (μισή) ώρα.
ße mißí óra

Ο Πέτρος αγοράζει δύο εισιτήρια. Στο περίπτερο αγοράζει μία
o Pétroß aghorási dhío ißitíria ßto períptero aghorási mía
εφημερίδα και ένα περιοδικό. Ο Πέτρος και η Μαριάννα πάνε
efimerídha ke éna periodhikó o Pétroß ke i Mariána páne
στο καράβι και βρίσκουν μία θέση για δύο.
ßto karáwi ke wríßkun mía théßi ja dhío

Κοντά κάθεται μία παρέα νέων. Μιλάνε πολύ δυνατά.
kondá káthete mía paréa néon miláne polí dhinatá
Ο νέος δίπλα στον Πέτρο ρωτάει.
o néoß dhípla ßton Pétro rotái

ν.: Είστε Γάλλος;
íßte Gháloß

Π.: Όχι, δεν είμαι Γάλλος, είμαι Γερμανός.
óchi, dhen íme Gháloß, íme Jermanóß

ν.: Από πού είστε;
apó pu íßte

Π.: Είμαι απ' τη Στουτγκάρδη.
íme ap' ti Stutgárdhi
Εσείς είστε Έλληνας;
eßíß íßte 'Elinaß

ν.: Ναι, είμαι από την Αθήνα.
ne, íme apó tin Athína

Π.: Η Αίγινα είναι ωραίο νησί;
i 'Ejina íne oréo nißí

ν.: Ναι, είναι πολύ ωραίο νησί.
ne, íne polí oréo nißí
Να πάτε στην Αγία Μαρίνα και στο ναό της Αφαίας
na páte ßtin Ajía Marína ke ßto naó tiß Aféaß
Αθηνάς.
Athináß

Π.: Ευχαριστώ.
efcharißtó

ν.: Να, η Αίγινα. Γειά σας.
na, i 'Ejina jiá‿ßaß

Π.: Γειά σας.
jiá‿ßaß

Το καράβι φτάνει στην Αίγινα. Πολύς κόσμος κατεβαίνει.
to karáwi ftáni ßtin 'Ejina políß kósmoß katewéni
Από το λιμάνι φεύγουν λεωφορεία για το κέντρο του νησιού.
apó to limáni féwghun leoforía ja to kéndro tu nißiú
Το λεωφορείο περιμένει.
to leoforío periméni

II. Wortschatz

ένατο	*énato*	neunte
το καράβι, -ια	*to karáwi, -ia*	das Schiff
η Αίγινα	*i 'Ejina*	Ägina (eine der beliebtesten Ausflugsinseln der Athener)
«ο Πειραιάς»	*«o Pireáß»*	der Hafen Piräus
φεύγω	*féwgho*	abfahren, ablegen *(Schiff)*
το φέρυ-μπωτ	*to féri-bot*	die Fähre
το νησί, -ιά	*to nißí, -iá*	die Insel
το καλοκαίρι	*to kalokéri*	der Sommer
το καλοκαίρι	*to kalokéri*	im Sommer
το γραφείο, -α	*to ghrafío, -a*	das Büro
το γραφείο ταξιδίων	*to ghrafío taxidhíon*	das Reisebüro
το λιμάνι	*to limáni*	der Hafen
ρωτάω	*rotáo*	fragen
ο υπάλληλος	*o ipáliloß*	der Angestellte
ποιό	*pjó*	welches
εκεί	*ekí*	dort
η ώρα	*i óra*	die Zeit, die Stunde
2 (δύο) ώρες	*2 (dhío) óreß*	2 Stunden
πότε	*póte*	wann
μισή ώρα	*mißí óra*	halbe Stunde
η θέση, -εις	*i théßi, -iß*	der (Sitz-)Platz
κάθομαι	*káthome*	sitzen, sich setzen
μία παρέα νέων	*mia paréa néon*	eine Gruppe Jugendlicher
μιλώ	*miló*	sprechen

δυνατά *(Adv.)*	*dhinatá*	laut
ο νέος	*o néoß*	der Junge
δίπλα σε	*dhípla ße*	neben
η Αθήνα	*i Athína*	Athen
να πάτε	*na páte*	gehen Sie! *(abgeschw. Imperativ)*
Αγία Μαρίνα	*Ajía Marína*	Agia Marina *(Ort auf Ägina)*
ο ναός της Αφαίας Αθηνάς	*o naóß tiß Aféaß Athináß*	der Aphaia-Athene-Tempel
να	*na*	da
κατεβαίνω	*katewéno*	aussteigen
το λιμάνι	*to limáni*	der Hafen
το κέντρο, -α	*to kéndro, -a*	das Zentrum
περιμένω	*periméno*	warten

Redewendungen

πολύς κόσμος *(políß kósmoß)* viele Leute
το κέντρο του νησιού *(to kéndro tu nißiú)* das Zentrum der Insel

III. Übersetzung

(Angestellter: *A.*; Junge: *J.*)
Von Piräus legen Schiffe und Fähren zu den Inseln ab. Im Sommer gibt es jeden Tag Schiffsverbindungen zu den Inseln. Peter geht in das Reisebüro am Hafen und fragt den Angestellten.
P.: Welches Schiff fährt nach Ägina?– *A.:* Nach Ägina, das Schiff »Alexander«, dort rechts. Es (Die Fahrt) dauert 2 Stunden. Ägina liegt in der Nähe. – *P.:* Wann fährt es ab? – *A.:* In einer halben Stunde.
Peter kauft 2 Fahrscheine. Am Kiosk kauft er eine Zeitung und eine Zeitschrift. Peter und Marianne gehen auf das Schiff und finden Platz für zwei.
In der Nähe sitzt eine Gruppe Jugendlicher. Sie sprechen sehr laut. Der Junge neben Peter fragt:
J.: Sind Sie Franzose? – *P.:* Nein, ich bin kein Franzose, ich bin Deutscher. – *J.:* Woher kommen Sie? – *P.:* Ich komme aus Stuttgart. Sind Sie Grieche? – *J.:* Ja, ich bin aus Athen. – *P.:* Ist

Ägina eine schöne Insel? – *J.:* Ja, sie ist eine sehr schöne Insel. Besuchen Sie (*wörtl.:* Gehen Sie nach) Aghia Marina und den (*wörtl.:* zum) Aphaia-Athene-Tempel. – *P.:* Danke. – *J.:* Da ist Ägina. Tschüs. – *P.:* Tschüs.
Das Schiff kommt in Ägina an. Viele Leute steigen aus. Vom Hafen aus fahren viele Busse zum Zentrum der Insel. Der Bus wartet.

IV. Grammatik

Das Präsens der endbetonten Verben

Die Gruppe der endbetonten Verben auf **-άω, -ώ** *(-áo, -ó)* teilt sich in zwei Untergruppen auf. Die erste wird wie **ρωτώ** »fragen« und die zweite wie **ευχαριστώ** »danken« konjugiert.

Die Verben auf -άω/-ώ und auf -ώ

»fragen«		»danken«	
ρωτ-άω/ρωτ-ώ	*(rotáo/rotó)*	ευχαριστ-ώ	*(efcharißtó)*
ρωτ-άς	*(rotáß)*	ευχαριστ-είς	*(efcharißtíß)*
ρωτ-ά	*(rotá)*	ευχαριστ-εί	*(efcharißtí)*
ρωτ-άμε	*(rotáme)*	ευχαριστ-ούμε	*(efcharißtúme)*
ρωτ-άτε	*(rotáte)*	ευχαριστ-είτε	*(efcharißtíte)*
ρωτ-άν(ε)	*(rotán[e])*	ευχαριστ-ούν	*(efcharißtún)*

Wie **ρωτώ** werden folgende Verben konjugiert:

αγαπάω/αγαπώ	*(aghapáo/aghapó)*	lieben
μιλάω/μιλώ	*(miláo/miló)*	sprechen
πεινάω/πεινώ	*(pináo/pinó)*	Hunger haben
διψάω/διψώ	*(dhipßáo/dhipßó)*	Durst haben

Wie **ευχαριστώ** wird folgendes Verb konjugiert:

μπορώ *(boró)* können

Die Verneinung eines Verbs

Die Verneinung eines Verbs im Indikativ (Wirklichkeitsform) wird mit **δε(ν)** *(dhe[n])* gebildet.
Dieses Verneinungswort steht vor dem Verb und bildet mit ihm eine Klangeinheit, z. B.:

Όχι, δεν είμαι Γάλλος.	Nein, ich bin kein Franzose.
óchi dhen‿íme Gháloß	

Bei Verneinungen, die nicht das Verb betreffen, sondern beispielsweise Adjektive, Adverbien usw. wird das Wort **όχι** *(óchi)* verwendet, z. B.:

όχι καλά	*(óchi kalá)*	nicht gut
όχι καλός άνθρωπος	*(óchi kalóß ánthropoß)*	kein guter Mensch

Die Verben auf «-ομαι» *(-óme)*

Das Verb **κάθομαι** *(káthome)* »sitzen, sich setzen« gehört zu der Gruppe der Verben auf **-ομαι** (wie das Verb έρχομαι kommen, vgl. a. 8. Lektion).
Sie werden wie folgt konjugiert:

κάθ-**ομαι**	*(káthome)*	καθ-**όμαστε**	*(kathómaßte)*
κάθ-**εσαι**	*(kátheße)*	κάθ-**εστε**	*(katheßte)*
κάθ-**εται**	*(káthete)*	κάθ-**ονται**	*(káthonde)*

Übersicht über die Interrogativpronomen (Fragewörter)

- **ποιό** *(pjó)* = welches
  ποιό καράβι φεύγει; — welches Schiff legt ab?
  pjó karáwi féwji
- **γιατί** *(jatí)* = warum, weil
  ... **γιατί** μιλάνε για ... — ... weil sie über ... sprechen
  ... jatí miláne ja ...
- **από πού** *(apó pu)* = woher
  από πού είσαι; — woher kommst du?
  apó pu iße
- **πού** *(pu)* = wo
  πού είναι η αγορά; — wo ist der Markt?
  pu íne i aghorá
- **τι** *(ti)* = was
  τι θέλετε; — was möchten Sie?
  ti thélete

- **πότε** *(póte)* = wann

πότε φεύγει;	wann fährt es ab?
póte féwji	

- **πως** *(poß)* = wie

πως σε λένε;	wie heißt du?
poß ße léne	

- **πόσο** *(póßo)* = wieviel

πόσο κάνει;	wieviel kostet es?
póßo káni	

Wichtiger Hinweis:

Die Fragewörter **ποιό** und **πόσο** richten sich nach der Zahl und dem Geschlecht des Substantivs, das sie begleiten.

Maskulinum	Femininum	Neutrum	
ποιός *(pjoß)*	ποιά *(pja)*	ποιό *(pjo)*	welcher, welche, welches
πόσος *(póßoß)*	πόση *(póßi)*	πόσο *(póßo)*	wieviel

Beispiele:

Πόσες εφημερίδες θέλετε;	Wie viele Zeitungen möchten Sie?
póßeß efimerídheß thélete	
Πόσο κάνει;	Wieviel kostet es?
póßo káni	
Ποιά εφημερίδα θέλετε;	Welche Zeitung möchten Sie?
pja efimerídha thélete	
Ποιό καράβι πάει στην Αίγινα;	Welches Schiff fährt nach Ägina?
pjo karáwi pái ßtin Ejina	

V. Übungen

1. Verneinen Sie die folgenden Sätze.

a) – Είμαι Γάλλος. ΄Οχι, ...
íme Gháloß

b) – Θέλω έναν καφέ ελληνικό. . . . .
thélo énan kafé elinikó

c) – Εγώ θέλω μία πορτοκαλάδα. ....
eghó thélo mía portokaládha

d) – Είμαι Γερμανός. ....
íme Jermanóß

e) – Είμαι από το Ντύσσελντορφ ....
íme apó to Dißeldorf

f) – Ο Πέτρος πάει στο γραφείο ταξιδίων ....
o Pétroß pái ßto ghrafío taxidhíon

2. Setzen Sie bitte die passenden Interrogativpronomen ein.

a) .... θέλετε; *(... thélete)*
b) .... κάνει ο καφές; *(... káni o kaféß)*
c) .... σε λένε; *(... ße léne)*
d) .... φεύγει το καράβι; *(... féwji to karáwi)*
e) .... είσαι; Είμαι Γερμανός. *(... íße; íme Jermanóß)*

3. Vervollständigen Sie die folgenden Verbformen.

a) Η Μαριάννα κάθ .... στον καράβι.
(i Mariána káth ... ßton karáwi)
b) Το λεωφορείο περιμ........... *(to leoforío perim...)*
c) Όχι, δεν εί... Γάλλος, (εί... Γερμανός).
óchi dhen í... Gháloß, í... Jermanóß
d) Πού κάθ........... ο Πέτρος; *(pu káth... o Pétroß)*
e) Η Αίγινα εί... ωραίο νησί; *(i 'Ejina í... oréo nißí)*

4. Konjugieren Sie zur Wiederholung die Verben **ρωτώ** *(rotó)* und **μιλώ** *(miló)*.

5. Übersetzen Sie bitte die folgenden Sätze.

a) In einer halben Stunde legt (fährt) das Schiff ab.
b) Das Schiff kommt in Ägina an.
c) Im Sommer gibt es jeden Tag Schiffsverbindungen zu den Inseln.
d) Der Bus wartet.

Μάθημα δέκατο *máthima dhékato*

Στην Αίγινα *(ßtin 'Ejina)*

Auf Ägina

I. Text

(Πέτρος: *Π.*; Μαριάννα: *Μ.*; Υπάλληλος: *Υ.*)

Στην Αίγινα είναι ο ναός της Αφαίας Αθηνάς, το μεγάλο
ßtin 'Ejina íne o naóß tiß Aféaß Athináß, to meghálo
αξιοθέατο.
axiothéato

Ο Πέτρος ρωτάει τη Μαριάννα.
o Pétroß rotái ti Mariána

Π.: Μαριάννα, πεινάς;
Mariána, pináß

Μ.: Όχι, δεν πεινάω πολύ, μόνο διψάω.
óchi, dhen pináo polí, móno dhipßáo
Κάνει πολλή ζέστη! Γιατί ρωτάς;
káni polí séßti jatí rotáß

Π.: Γιατί εδώ έχει μία ωραία ταβέρνα. Εγώ πεινάω λίγο.
jatí edhó échi mía oréa tawérna eghó pináo lígho
Θέλω να φάω μία σαλάτα χωριάτικη με φέτα και θέλω να
thélo na fáo mía ßaláta ~~ch~~oriátiki me féta ke thélo na
πιώ ρετσίνα.
pjo retßína

M.: Δε μου αρέσει η φέτα!
dhe mu aréßi i féta
Αλλά εγώ θέλω να πιώ λεμονάδα και ίσως να φάω
alá egho thélo na pjo lemonádha ke íßoß na fáo
μία νόστιμη τυρόπιτα.
mía nóßtimi tirópita

Μετά το φαγητό.
metá to fajitó

Π.: Γκαρσόν, το λογαριασμό παρακαλώ.
garßón, to loghariasmó parakaló

γκ.: Αμέσως! Όλα μαζί κάνουν 3000 (τρεις χιλιάδες) δρχ.
améßoß óla masí kánun 3000 (triß chiliádheß) dhra~~ch~~méß

Π.: Ορίστε.
oríßte
Πάμε λοιπόν.
páme lipón

Μετά το φαγητό πάνε στο ναό της Αθηνάς. Εκεί είναι πολύς
metá to fajitó páne ßto naó tiß Athináß eki íne políß
κόσμος.
kósmoß

Πρώτα πάνε στο ταμείο να αγοράσουν δύο εισιτήρια.
próta páne ßto tamío na aghoráßun dhío ißitíria

M.: Θέλουμε δύο εισιτήρια, παρακαλώ.
thélume dhío ißitíria, parakaló

Y.: Κοστίζει 180 (εκατόν ογδόντα) δρχ. το ένα.
koßtísi 180 (ekatón oghdhónda) dhra~~ch~~méß to éna
Τα δύο μαζί κοστίζουν 360 (τριακόσιες εξήντα) δρχ.
ta dhío masí koßtísun 360 (triakóßieß exínda) dhra~~ch~~méß
Η φωτογράφιση κοστίζει 50 (πενήντα) δρχ.
i fotoghráfißi koßtísi 50 (penínda) dhra~~ch~~méß

M.: Ορίστε 500 (πεντακόσιες) δρχ.
oríßte 500 (pendakóßieß) dhra~~ch~~méß

Y.: 90 (ενενήντα) δρχ. ρέστα.
90 (enenínda) dhra~~ch~~méß réßta

M.: Ευχαριστώ.
ef~~ch~~arißtó

II. Wortschatz

δέκατο	*dhékato*	zehnte
το αξιοθέατο, -α	*to axiothéato, -a*	die Sehenswürdigkeit
πεινάω	*pináo*	Hunger haben
διψώ	*dhipßó*	Durst haben
η ζέστη, -ες	*i séßti, -eß*	die Wärme
τρώω *(I)*, φάω *(II)*	*tróo, fáo*	essen
χωριάτικη *(f.)*	*~~ch~~oriátiki*	Bauern-
η σαλάτα χωριάτικη	*i ßaláta ~~ch~~oriátiki*	der griechische Salat (*wörtl.:* der Bauernsalat)
η φέτα, -ες	*i féta, -eß*	der Schafskäse
πίνω *(I)*, πιώ *(II)*	*píno, pjo̯*	trinken
η ρετσίνα, -ες	*i retßína, -eß*	der Retsina (geharzter Wein)
μου αρέσει	*mu aréßi*	es gefällt mir
αλλά	*alá*	aber
η λεμονάδα, -ες	*i lemonádha, -eß*	die Limonade
νόστιμος, -η, -ο	*nóßtimoß, -i, -o*	schmackhaft, lecker
η τυρόπιτα, -ες	*i tirópita, -eß*	das Käsepastetchen
το φαγητό, -ά	*to fajitó, -á*	das Essen
πρώτα	*próta*	zuerst
το ταμείο, -α	*to tamío, -a*	die Kasse
το ένα	*to éna*	jedes
το ένα εισιτήριο	*to éna ißitírio*	jede Eintrittskarte
τα δύο μαζί	*ta dhío masí*	beide zusammen
η φωτοφράφιση, -εις	*i fotográfißi, -iß*	das Fotografieren
τα ρέστα	*ta réßta*	das Rückgeld

Redewendungen

Θέλω να φάω. *(thélo na fáo)* Ich möchte essen *(einmalig, in der Gegenwart)*.
Θέλω να πιώ. *(thélo na pjo̯)* Ich möchte trinken *(einmalig, in der Gegenwart)*.

Πάνε στο ταμείο. *(páne ßto tamío)* Sie gehen (laufen) zur Kasse.
... να αγοράσουν *(na aghoráßun)* ... um zu kaufen
κάνει πολλή ζέστη *(káni polí séßti)* es ist sehr warm (*wörtl.:* es macht warm)
μου αρέσει *(mu aréßi) (hier:)* es schmeckt mir (*wörtl.:* es gefällt mir)

III. Übersetzung

(Kellner: *K.*; Angestellter: *A.*)
Auf (in) Ägina ist der Aphaia-Athene-Tempel, die große Sehenswürdigkeit (der Insel).
P.: Marianne, bist du hungrig? – *M.:* Nein, ich habe keinen großen Hunger, nur Durst. Es ist sehr warm! Warum fragst du? – *P.:* Weil es hier eine hübsche Taverne gibt. Ich habe etwas Hunger. Ich möchte einen griechischen Salat mit Schafskäse essen und einen Retsina trinken. – *M.:* Ich mag keinen Schafskäse! Aber ich möchte eine Limonade trinken und vielleicht ein leckeres Käsepastetchen essen.
Nach dem Essen:
P.: Kellner, die Rechnung, bitte. – *K.:* Sofort! Alles zusammen kostet 2000 Dr. – *P.:* Bitte sehr. Gehen wir also.

Nach dem Essen gehen sie zum Aphaia-Athene-Tempel. Dort sind viele Leute. Zuerst gehen sie an die Kasse, um zwei Eintrittskarten zu kaufen.
M.: Wir möchten zwei Eintrittskarten, bitte. – *A.:* Jede kostet 180 Dr. Beide zusammen kosten 360 Dr. Das Fotografieren kostet 50 Dr. – *M.:* Bitte sehr, 500 Dr. – *A.:* 90 Dr zurück. – *M.:* Danke.

IV. Grammatik

Die να-Konstruktion / Der Konjunktiv (Möglichkeitsform) / Stamm II

Die **να**-Konstruktion wird im Griechischen häufig in Zusammenhang mit Modalverben angewandt. Diese Konstruktion steht anstelle des deutschen Infinitivs. Der Satzbau sieht wie folgt aus:

Modalverb +	Partikel +	Hauptverb/Konjunktiv	
θέλω	να	πιώ	meist Stamm II)
(thélo)	*(na)*	*(pjo)*	
θέλω	να	φάω	
(thélo)	*(na)*	*(fáo)*	

Alle Verben im Griechischen haben zwei Stämme, Stamm I und Stamm II.
Die Form des Hauptverbs in der **να**-Konstruktion ist meist der **Stamm II.** Der Stamm II deutet auf *das Ergebnis der Handlung* hin; im Gegensatz **zum Stamm I,** der auf *deren Ablauf* hinweist.
Dem Stamm I und dem Stamm II werden die Personalendungen des Präsens angehängt.
Diese grammatische Erscheinung wird als *Konjunktiv* bezeichnet.
Der Konjunktiv bezeichnet ein Vorhaben, eine Absicht, eine Bitte oder einen Wunsch.

- **Der Stamm II** bezieht sich auf eine zielgerichtete, einmalige Handlung in der Gegenwart.
- **Der Stamm I** bezieht sich auf sich wiederholende gewohnheitsmäßige Handlungen.

Man kann auch die Modalverben θέλω, μπορώ, πρέπει, επιτρέπεται *(thélo, boró, prépi, epitrépete)* durch ein Wort oder einen Satz ersetzen, der im Sinne des Modalverbs gebraucht wird.

Beispiele:

θέλω	να φάω	*(thélo na fáo)*	ich möchte essen
ίσως	να φάω	*(ißoß na fáo)*	vielleicht esse ich
είναι καλό	να φάω	*(íne kaló na fáo)*	es ist gut, daß ich esse

Die να-Konstruktion wird häufig verwendet; daher wird sie in den nächsten Lektionen oft zur besseren Veranschaulichung erwähnt werden.

Hinweis

Πρέπει und **επιτρέπεται** »es ist nötig« werden nicht konjugiert, sondern stets in der 3. Person Singular verwendet.

Die Verbformen «φάω» *(fáo)* essen und «πιώ» *(pjo)* trinken

Wie alle Verben im Griechischen bilden die Verben **τρώω** (Stamm I), **φάω** (Stamm II) und **πίνω** (Stamm I), **πιώ** *(pjo)* (Stamm II) zwei Stämme.

- **τρώω** und **πίνω** sind Formen des Stammes I, der eine gewohnheitsmäßige oder sich wiederholende Handlung ausdrückt.
- **φάω** und **πιώ** gehören zum Stamm II und bezeichnen eine einmalige Handlung.

Die Präsensformen des Stamms I beider Verben sind die der 1. Konjugation (vgl. έχω), wobei das Verb «τρώω» im Präsens verkürzte Formen hat; die Verbformen des Stamms II dagegen sind unregelmäßig.

Vergleichen Sie:

		Stamm I			
τρώω	*(tróo)*	ich esse	πίνω	*(píno)*	ich trinke
τρως	*(troß)*	du ißt	πίνεις	*(piniß)*	du trinkst
τρώει	*(trói)*	er ißt	πίνει	*(píni)*	er trinkt
τρώμε	*(tróme)*	wir essen	πίνουμε	*(pínume)*	wir trinken
τρώτε	*(tróte)*	ihr eßt	πίνετε	*(pínete)*	ihr trinkt
τρών(ε)	*(trón[e])*	sie essen	πίνουν	*(pínun)*	sie trinken
		Stamm II			
φάω	*(fáo)*		πιώ	*(pjo)*	
φας	*(faß)*		πιείς	*(pijíß)*	
φάει	*(fái)*		πιεί	*(pji)*	
φάμε	*(fáme)*		πιούμε	*(pjúme)*	
φάτε	*(fáte)*		πιείτε	*(pjíte)*	
φάν(ε)	*(fán[e])*		πιούν	*(pjún)*	

Der Ausdruck «κάνει ζέστη» *(káni séßti)* »es ist warm«

Anders als im Deutschen wird im Griechischen bei dem Ausdruck »es ist warm« **κάνει ζέστη** das Verb »machen« und nicht »sein« benutzt.

Die Tausender-Zahlen

1000	χίλιοι, -ες, -α *chílii, -eß, -a*	**6000**	έξι χιλιάδες *éxi chiliádheß*
2000	δύο χιλιάδες *dhío chiliádheß*	**7000**	εφτά χιλιάδες *eftá chiliádheß*
3000	τρεις χιλιάδες *triß chiliádheß*	**8000**	οχτώ χιλιάδες *ochtó chiliádheß*
4000	τέσσερις χιλιάδες *téßeriß chiliádheß*	**9000**	εννιά χιλιάδες *eniá chiliádheß*
5000	πέντε χιλιάδες *pénde chiliádheß*	**10 000**	δέκα χιλιάδες *dhéka chiliádheß*
		1 000 000	ένα εκατομμύριο *éna ekatomírio*

Die Zahlen bis 1000 haben wir bereits in der 7. Lektion gelernt. Sie richten sich nach dem Geschlecht und der Zahl des Substantivs, das sie begleiten, z. B.:

400	τετρακόσιοι	*(tetrakóßii)*
300	τριακόσιες δραχμές	*(triakóßieß dhrachméß)*
1000	χίλιες δραχμές	*(chíließ dhrachmeß)*

Dagegen werden die Zahlen ab 2000 mit dem Wort **χιλιάδα** (Pl. **χιλιάδες**) *(chiliádha, Pl. chiliádheß)* gebildet, das immer unverändert bleibt.

η χιλιάδα *(i chiliádha)* – οι χιλιάδες *(i chiliádheß)*

Da fast alle Preise über die Tausender hinaus gehen, brauchen Sie nicht jedes Mal zu überlegen, welche Form Sie einsetzen müssen. Die Zahlen sind im Griechischen recht einfach!

• REZEPT

Käsepastetchen «τυρόπιτα»

500 g	zerkleinerter Schafskäse
1 Tasse	geriebener Hartkäse
1 Tasse	Milch
5 verquirlte	Eier
1 Tasse	zerlassene Butter
500 g	dünn ausgerollten Blätterteig
	Petersilie, Pfeffer

Aus dem Käse, der Milch und den Eiern die Füllung herstellen, Petersilie und Pfeffer zugeben. Ein Backblech nehmen, mit Butter bestreichen, einige Blätter Blätterteig auslegen; die Füllung darübergeben und gleichmäßig verteilen. Die restlichen Blätterteigblätter darüber legen.
Die Pastete 45–55 Minuten bei 200° C backen.

V. Übungen

1. Bitte schreiben Sie folgende Zahlen aus.

a) 2500 δρχ. .... **e)** 4350 δρχ. ....
b) 3500 δρχ. .... **f)** 5438 δρχ. ....
c) 6830 δρχ. .... **g)** 7432 δρχ. ....
d) 12 346 δρχ. .... **h)** 8913 δρχ. ....

2. Vervollständigen Sie die folgenden Sätze.

a) Θέλω .... πιώ ρετσίνα. *(thélo ... pjo retßína)*
b) .... να φάω μία σαλάτα χωριάτικη. *(... na fáo mía ßaláta choriátiki)*
c) .... πολλή ζέστη. *(... polí séßti)*
d) Θέλω να .... ρετσίνα. *(thélo na ... retßína)*
e) .... να φάω μία τυρόπιτα. *(... na fáo mía tirópita)*

3. Übersetzen Sie die Sätze.

a) Jede (Eintrittskarte) kostet 250 Dr.
b) Das Fotografieren kostet 50 Dr.
c) Ich möchte eine Limonade trinken.
d) Gehen wir also.
e) Es ist sehr warm.

Μάθημα ενδέκατο   máthima endhékato

Στο λεωφορείο *(βto leoforío)*

Im Autobus

I. Text

(Πέτρος: *Π.*; Υπάλληλος: *Υ.*; Μαριάννα: *Μ.*; Θωμάς: *Θ.*)

Στο γραφείο ταξιδίων στην Αίγινα.
βto ghrafío taxidhíon βtin ′Ejina

Π.: Θέλουμε να πάμε στην Αγία Μαρίνα. Έχει λεωφορεία;
thélume na páme βtin Ajía Marína   échi leoforía

Υ.: Για την Αγία Μαρίνα έχει κάθε ώρα ένα λεωφορείο.
ja tin Ajía Marína échi káthe óra éna leoforío

Π.: Πότε φεύγει;
póte féwji

Υ.: Τώρα είναι 10:15 (δέκα και τέταρτο).
tóra íne 10:15 (dhéka ke tétarto)
Σε ένα τέταρτο φεύγει το επόμενο λεωφορείο.
βe éna tétarto féwji to epómeno leoforío
Και μετά κάθε ώρα.
ke metá káthe óra

Π.: Πόση ώρα κάνει να πάει;
póβi óra káni na pái

Υ.: Περίπου 1 (μία) ώρα.
perípu 1 (mía) óra

Π.: Πάει το λεωφορείο κατευθείαν;
pái to leoforío katefthían

Υ.: Όχι, κάνει στάση στο μοναστήρι «Άγιος Νεκτάριος»
óchi, káni ßtáßi ßto monaßtíri 'Ajioß Nektárioß
και στο χωριό Κόνδρος.
ke ßto chorió Kóndhroß

Π.: Εντάξει.
endáxi
Θέλω δύο εισιτήρια απλά.
thélo dhío ißitíria aplá

Υ.: Χωρίς επιστροφή;
choríß epißtrofí

Π.: Ναι, ναι.
ne, ne

Υ.: Ορίστε. Κάνουν 400 δρχ.
orißte kánun 400 (tetrakóßieß) dhrachméß

Μ.: Πέτρο, πότε φεύγει το λεωφορείο;
Pétro, póte féwji to leoforío

Π.: Στις 10:30 (δέκα και μισή).
ßtiß 10:30 (dhéka ke mißí)

Η Μαριάννα και ο Πέτρος πάνε μέσα στο λεωφορείο.
i Mariána ke o Pétroß páne méßa ßto leoforío
Απέναντι από τον Πέτρο κάθεται ένας Έλληνας, ο Θωμάς, με
apénandi apó ton Pétro káthete énaß 'Elinaß, o Thomáß, me
τη γυναίκα του.
ti jinéka tu

Π.: Χαίρω πολύ, με λένε Πέτρο και από 'δώ είναι η γυναίκα
chéro polí, me léne Pétro ke apó dho íne i jinéka
μου, η Μαριάννα.
mu, i Mariána

Θ.: Χαίρω πολύ. Με λένε Θωμά και από 'δώ είναι η γυναίκα
chéro polí me léne Thomá ke apó dho íne i jinéka
μου, η Άννα.
mu, i 'Ana
Πάτε στην Αγία Μαρίνα;
páte ßtin Ajía Marína

Π.: Ναι, ναι. Θέλουμε να κάνουμε μπάνιο εκεί.
ne, ne thélume na kánume bánio ekí
Είστε από την Αίγινα;
íßte apó tin 'Ejina

Θ.: Ναι, είμαστε από την Αίγινα, αλλά μένουμε στην Αθήνα.
ne, ímaßte apó tin 'Ejina, alá ménume ßtin Athína
Εδώ, στην Αίγινα, μένουν μόνο η γιαγιά και ο παππούς.
edhó, ßtin 'Ejina, ménun móno i jajá ke o papúß

Π.: Έχετε παιδιά;
échete pedhiá

Θ.: Ναι, έχουμε μία κόρη.
ne, échume mía kóri

Π.: Κύριε Θωμά, ξέρετε ένα καλό ξενοδοχείο στην Αγία Μαρίνα;
kírie Thomá, xérete éna kaló xenodhochío ßtin Ajía Marína

Θ.: Ίσως το ξενοδοχείο «Ο Κώστας». Είναι μικρό και καθαρό.
íßoß to xenodhochío o Kóßtaß íne mikró ke katharó
Ο ξενοδόχος είναι φίλος μας.
o xenodhóchoß íne filos‿maß
Είναι στο κέντρο του χωριού.
íne ßto kéndro tu choriú

Π.: Α! .... ωραία. Έχουμε τύχη.
A ... oréa échume tíchi

II. Wortschatz

εντέκατο	*endékato*	elfte
κάθε	*káthe*	jede
δέκα και τέταρτο	*dhéka ke tétarto*	10.15 Uhr
σ' ένα τέταρτο (της ώρας)	*ßéna tétarto (tiß óraß)*	in einer Viertelstunde
επόμενος, -η, -ο	*epómenoß, -i, -o*	nächster
πόση *(f.)*	*póßi*	wieviel
κατευθείαν	*katefthían*	geradeaus
το μοναστήρι, -ια	*to monaßtíri, -ia*	das Kloster
το χωριό, -ιά	*to chorió, -iá*	das Dorf
απλός, -ή, -ό	*aplóß, -í, -ó*	einfach

η επιστροφή, -ές	*i epißtrofi, -éß*	die Rückfahrt
στις 10:30 (δέκα και μισή)	*ßtiß dhéka ke mißi*	um 10.30 Uhr
πάω	*páo*	gehen
μένω *(I)*	*méno*	wohnen
μείνω *(II)*	*míno*	
η γιαγιά	*i jajá*	die Oma
ο παππούς	*o papúß*	der Opa
το παιδί, -ιά	*to pedhí, -iá*	das Kind
η κόρη, -ες	*i kóri, -eß*	die Tochter
ξέρω *(I)*	*xéro*	wissen, kennen
ξέρω *(II)*	*xéro*	
μικρός, -ή, -ό	*mikróß, -í, -ó*	klein
καθαρός, -ή, -ό	*katharóß, -í, -ó*	sauber
η τύχη	*i tíchi*	das Glück

Redewendungen

χωρίς επιστροφή *(choriß epißtrofi)* ohne Rückfahrt
το κέντρο του χωριού *(to kéndro tu choriú)* das Zentrum des Dorfes

Die Eintrittskarte, der Fahrschein «το εισιτήριο» *(to ißitírio)*

Das Wort **εισιτήριο** wird vielseitig verwendet, unabhängig davon, ob es die Bahn, das Museum, den Bus oder das Flugzeug betrifft. Es gibt zwei Möglichkeiten, um Fahrscheine zu kaufen:

απλό	*(apló)*	einfach
με επιστροφή	*(me epißtrofi)*	hin und zurück (mit Rückfahrt)

III. Übersetzung

(Angestellter: *A.*; Thomas: *Th.*)
Im Reisebüro in Ägina.
P.: Wir möchten nach Agia Marina fahren. Gibt es Busse? – *A.:* Nach Agia Marina gibt es jede Stunde einen Bus. – *P.:* Wann fährt er ab? – *A.:* Jetzt ist es 10.15 Uhr. In einer Viertelstunde fährt der nächste Bus ab. Und danach jede Stunde. – *P.:* Wie lange dauert die Fahrt (*wörtl.* macht es, um zu fahren)? – *A.:* Etwa 1 Stunde. – *P.:* Fährt der Bus direkt? – *A.:* Nein, er hält

an dem Kloster »Agios Nektarios« und im Dorf Kondros. – *P.:* In Ordnung. Ich möchte zwei einfache Fahrkarten. – *A.:* Ohne Rückfahrt? – *P.:* Ja, ja. – *A.:* Bitte sehr, sie kosten 400 Dr. - *M.:* Peter, wann fährt der Bus ab? – *P.:* Um 10.30 Uhr.
Marianne und Peter steigen in den Bus ein. Peter gegenüber sitzt ein Grieche, Thomas, mit seiner Frau.
P.: Sehr angenehm, ich heiße Peter, und dies ist meine Frau Marianne. – *Th.:* Sehr angenehm, ich heiße Thomas, und dies ist meine Frau Anna. Fahren Sie nach Agia Marina? – *P.:* Ja, ja. Wir möchten dort baden. Kommen Sie aus Ägina? – *Th.:* Ja, wir kommen aus Ägina, aber wir wohnen in Athen. Hier in Ägina wohnen nur noch die Oma und der Opa. – *P.:* Haben Sie Kinder? – *Th.:* Ja, wir haben eine Tochter. – *P.:* Herr Thomas, kennen Sie ein gutes Hotel in Agia Marina? – *Th.:* Vielleicht das Hotel »Kostas«. Es ist klein und sauber. Der Hotelier ist unser Freund. Es ist im Zentrum des Dorfes. – *P.:* Ah! ... schön. Wir haben Glück.

IV. Grammatik

Die Uhrzeit «Η ώρα» *(i óra)*

Τι ώρα είναι; *(ti óra íne)*

Είναι: *(íne)*

... πέντε ακριβώς	*(pénde akriwóß)*	5 h =	
... πέντε και τέταρτο	*(pénde ke tétarto)*	5.15 =	
... πέντε και είκοσι	*(pénde ke íkoßi)*	5.20 =	
... πέντε και μισή	*(pénde ke mißí)*	5.30 =	
... πέντε παρά τέταρτο	*(pénde pará tétarto)*	5.45 =	
... πέντε παρά δέκα	*(pénde pará dhéka)*	5.50 =	
... έξι ακριβώς	*(éxi akriwóß)*	6 h =	

Die Frage nach der Uhrzeit:

Τι ώρα είναι; *(ti óra íne)*	Wieviel Uhr ist es?
Είναι 10:10 (δέκα και δέκα) *íne 10:10 (dhéka ke dhéka)*	Es ist zehn nach zehn.

Πότε φεύγει το λεωφορείο; *póte féwji to leoforío*	Wann fährt der Bus ab?
Στις 10:30 (δέκα και μισή) *ßtiß 10:30 (dhéka ke mißí)*	um 10.30 Uhr (halb elf)

Die Zeitansage

Beachten Sie, daß Sie bei der Ansage der Uhrzeit nicht das Wort »Uhr« hinzuzufügen brauchen und daß Sie bei der Formulierung von »Uhr« die Zusammensetzung der Präposition **σε + τη → στη** *(ßti)*, oder **σε + τις → στις** *(ßtiß)* (vgl. 7. Lektion) anwenden.

Beispiele:

um eins –	στη μία	*(ßti mía)*
um zwei –	στις δύο	*(ßtiß dhío)*
um drei –	στις τρεις	*(ßtiß triß)*
um vier –	στις τέσσερις	*(ßtiß téßeriß)*
um fünf –	στις πέντε	*(ßtiß pénde)*

Die offizielle Zeitangabe z. B. im Radio, auf dem Flughafen usw. wird durch die Zahlen 1–24 für die Stunden und 1–60 für die Minuten wiedergegeben, z. B.:

16.15 = δεκαέξι και δέκαπέντε *(dhekaéxi ke dhekapénde)*

Weitere Redewendungen rund um die Uhrzeit

από τις – μέχρι τις	*(apó tiß – méchri tiß)*	von ... bis
τα λεπτά	*(ta leptá)*	die Minuten
στις 9	*(ßtiß 9:00 [eniá])*	um 9 Uhr
κατά τις 9	*(katá tiß 9:00 [eniá])*	gegen 9 Uhr
π.μ. (πρό μεσημβρίας)	*(pro meßimwriaß)*	vormittags
μ.μ. (μετά μεσημβρίας)	*(metá meßimwríaß)*	nachmittags

Die Tagesabschnitte

το πρωί	*(to proí)*	der Morgen, am Morgen
το μεσημέρι	*(to meßiméri)*	der Mittag, am Mittag
το απόγευμα	*(to apójewma)*	der Nachmittag, am Nachmittag
το βράδυ	*(to wrádhi)*	der Abend, am Abend
η νύχτα	*(i níchta)*	die Nacht, in der Nacht

Der Vokativ ist die Form, mit der man jemanden anspricht, anredet.
Der Vokativ steht ohne Artikel.
Die männlichen Eigennamen verlieren beim Vokativ das **-ς** am Schluß, z. B.:

			Vokativ	
ο Παύλος	*(o Páwloß)*	→	Παύλο!	*(Páwlo)*
ο Αλέκος	*(o Alékoß)*	→	Αλέκο!	*(Aléko)*
ο Θωμάς	*(o Thomáß)*	→	Θωμά!	*(Thomá)*

Beachten Sie, daß alle Namen auf **-ος** mit mehr als zwei Silben, die nicht auf der vorletzten Silbe betont werden, die Vokativendung **-ε** erhalten, z. B.:

ο Αλέξανδρος *(o Aléxandhroß)* → Αλέξανδρε! *(Aléxandhre)*

Die weiblichen Eigennamen bleiben hingegen unverändert, z. B.:

			Vokativ	
η Μαρία	*(i María)*	→	Μαρία!	*(María)*

Nominativ:

ο κύριος Θωμάς	*(o kírioß Thomáß)*	Herr Thomas
η κυρία Μαρία	*(i kiría María)*	Frau Maria
ο κύριος Πέτρος	*(o kírioß Pétroß)*	Herr Petros (Peter)

Vokativ:

κύριε Θωμά!	*(kírie Thomá)*	Herr Thomas!
κυρία Μαρία!	*(kiría María)*	Frau Maria!
κύριε Πέτρο!	*(kírie Pétro)*	Herr Petros (Peter)!

Die Busse

In den Städten gibt es grüne und blaue Busse und verwirrend viele Linien, leider aber keine Fahrpläne und keine Übersicht über das Liniennetz.
Im Zentrum der Stadt Athen gibt es auch Trolleybusse.
Überlandbusse verbinden Athen oder Thessaloniki mit allen Landesteilen; die beiden wichtigsten Busbahnhöfe liegen am Leoforos Kifisou 100 und an Liossion 260 in Athen. Man erkundige sich vorab, zu welchem dieser beiden Bahnhöfe man muß, um ein bestimmtes Ziel zu erreichen.
Auf den Inseln gibt es Busse, die meistens vom Hafen abfahren; sie verbinden alle Dörfer der Insel miteinander.

V. Übungen

1. Begrüßen Sie folgende Personen:

ο Θωμάς *o Thomáß* – Γειά σου, Θωμά! *jiá ßu Thomá*

a) ο κύριος Θομάς – Γειά σας, ...!
o kírioß Thomáß *jiá ßaß*

b) η Άννα – Γειά σου, ...!
i 'Ana *jiá ßu*

c) η κυρία Άννα – Γειά σας, ...!
i kiría 'Ana *jiá ßaß*

d) ο Πέτρος – Γειά σου, ...!
o Pétroß *jiá ßu*

e) ο κύριος Πέτρος – Γειά σας, ...!
o kírioß Pétroß *jiá ßaß*

f) η Μαριάννα – Γειά σου, ...!
i Mariána *jiá ßu*

g) η κυρία Μαριάννα – Γειά σας, ...!
i kiría Mariána *jiá ßaß*

2. Schreiben Sie die Uhrzeit (in Wörtern) aus.

a) um 10.30 – στις *(ßtiß)* ....
b) um 11.15 – στις *(ßtiß)* ....
c) um 12.45 – ....
d) um 6.20 – ....
e) um 8.35 – ....
f) um 9.55 – ....

3. Wieviel Uhr ist es?

a) Είναι οχτώ και τέταρτο – ....
íne ochtó ke tétarto

b) Είναι οχτώ και μισή – ....
íne ochtó ke mißí

c) Είναι πέντε παρά τέταρτο (p.m.) – ....
íne pénde pará tétarto

d) Είναι τρεις και δέκα – ....
íne triß ke dhéka

e) Είναι έξι παρά πέντε – ....
íne éxi pará pénde

4. Schreiben Sie bitte die offizielle Form der Uhrzeit auf.

a) um 2.20 – στις *(ßtiß)* ....
b) um 10.10 – ....
c) um 20.15 – ....
d) um 16.17 – ....
e) um 13.55 – ....

5. Übersetzen Sie bitte.

a) Wann fährt der Bus ab?
b) Um 10.30 Uhr.
c) Ich möchte zwei einfache Fahrkarten.
d) Ohne Rückfahrt.
e) Kennen Sie ein gutes Hotel?
f) Der Hotelier ist unser Freund.

Μάθημα δωδέκατο *máthima dhodhékato*

Τα ψώνια *(ta pßónia)*

Beim Einkaufen

I. Text

(Πέτρος: *Π.*; Μαριάννα: *Μ.*; Verkäuferin = πωλήτρια: *π.*)

Στην Αγία Μαρίνα πάνε η Μαριάννα και ο Πέτρος για ψώνια.
ßtin Ajía Marína páne i Mariána ke o Pétroß ja pßónia
Μπαίνουν μέσα σε μία πολύ ωραία μπουτίκ. Στην βιτρίνα
bénun méßa ße mía polí oréa butík ßtin witrína
βλέπει η Μαριάννα ωραία γυαλιά ηλίου, ένα ζευγάρι μπλε και
wlépi i Mariána oréa jialiá ilíu, éna sewghári ble ke
ένα μαύρο. Της αρέσουν τα γυαλιά τα μπλε.
éna máwro tiß aréßun ta jialiá ta ble

π.: Καλημέρα σας! Περάστε, παρακαλώ.
kaliméra ßaß peráßte, parakaló

Μ.: Καλημέρα! Στην βιτρίνα έχετε ωραία γυαλιά ηλίου και
kaliméra ßtin witrína échete oréa jialiá ilíu ke
ωραίες μεγάλες τσάντες για την παραλία.
oréeß megháleß tßándeß ja tin paralía
Θέλω να δοκιμάσω αυτά τα γυαλιά τα μπλε.
thélo na dhokimáßo aftá ta jialiá ta ble

Μου αρέσουν πολύ. Είναι πολύ μοντέρνα.
mu areßun polí íne polí modérna

π.: Μα, είναι και ωραία. Είναι πιο ωραία από τα μαύρα.
ma, íne ke oréa íne pjo oréa apó ta máwra

Η Μαριάννα δοκιμάζει τα γυαλιά, αλλά είναι μικρά.
i Mariána dhokimási ta jialiá, alá íne mikrá

Μ.: Έχετε αυτά τα γυαλιά πιο μεγάλα; Μου είναι λίγο μικρά.
échete aftá ta jialiá pjo meghála mu íne lígho mikrá

π.: Ναι, ίσως αυτά να είναι πιο μεγάλα.
ne, ißoß aftá na íne pjo meghála

Μ.: Ευχαριστώ.
efchanßtó

Η Μαριάννα δοκιμάζει και πάλι. Τα γυαλιά της πάνε πολύ ωραία.
i Mariána dhokimási ke páli ta jialiá tiß páne polí oréa

Μ.: Πέτρο, σου αρέσουν τα γυαλιά;
Pétro, ßu aréßun ta jialiá

Π.: Είναι ωραία. Πόσο κοστίζουν;
íne oréa póßo koßtísun

π.: Κοστίζουν 8.000 δρχ. Είναι τα πιο καλά γυαλιά που έχουμε.
koßtísun 8000 (ochtó chiliádheß) dhrachméß íne ta pjo kalá jialiá pu échume

Μ.: Εντάξει! Θέλω και ένα λάδι ηλίου, παρακαλώ.
endáxi thélo ke éna ládhi ilíu, parakaló

π.: Ορίστε εδώ είναι και τα λάδια ηλίου. Έχουμε όλες τις μάρκες.
oríßte edhó íne ke ta ládhia ilíu échume óleß tiß márkeß

Μ.: Ωραία, θα πάρω αυτό το μπουκάλι.
oréa, tha páro aftó to bukáli

Π.: Και εγώ θέλω 2 φίλμ για τη φωτογραφική μηχανή.
ke eghó thélo 2 (δύο) film ja ti fotoghrafikí michaní

π.: Ορίστε δύο φίλμ.
oríßte dhío film

Π.: Πόσο κοστίζουν όλα μαζί;
póßo koßtísun óla masí

π.: Κοστίζουν 9.200 δρχ.
koßtísun 9200 (eniá chiliádheß dhiakóßießʼ) dhrachméß

Π.: Μπορώ να πληρώσω με τσέκ;
boró na pliróßo me tsek

π.: Βεβαίως.
wewéoß

II. Wortschatz

δωδέκατο	*dhodhékato*	zwölfte
τα ψώνια	*ta pßónia*	die Einkäufe
η πωλήτρια	*i polítria*	die Verkäuferin
πάω για ψώνια	*páo ja pßónia*	einkaufen gehen
η μπουτίκ	*i butík*	die Boutique
η βιτρίνα, -ες	*i witrína, -eß*	das Schaufenster
τα γυαλιά ηλίου	*ta jialiá ilíu*	die Sonnenbrille
το ζευγάρι	*to sewghári*	das Paar
μπλε	*ble*	blau
μαύρο	*máwro*	schwarz
της αρέσουν	*tiß aréßun*	es gefallen ihr
η τσάντα, -ες	*i tßánda, -eß*	die Tasche
δοκιμάζω *(I)*	*dhokimáso*	anprobieren
δοκιμάσω *(II)*	*dhokimáßo*	
μοντέρνος, -α, -ο	*modérnoß, -a, -o*	modern
μα	*ma*	aber
ο καθρέφτης, -ες	*o kathréftiß, -eß*	der Spiegel
μικρός, -ή, -ό	*mikróß, -í, -ó*	klein
πιο μεγάλα	*pjo meghála*	größer
πάλι	*páli*	wieder
της πάνε	*tiß páne*	sie paßt ihr
σου αρέσουν	*ßu aréßun*	gefallen dir
κοστίζω *(I)*	*koßtíso*	kosten
κοστίσω *(II)*	*koßtíßo*	
τα πιο καλά	*ta pjo kalá*	die besten
το λάδι, -ια	*to ládhi, -ia*	das Öl
το λάδι ηλίου	*to ládhi ilíu*	das Sonnenöl
η μάρκα, -ες	*i márka, -eß*	die Marke
παίρνω *(I)*	*pérno*	nehmen
πάρω *(II)*	*páro*	

θα πάρω	*tha páro*	ich werde nehmen *(Futur)*
αυτό	*aftó*	dieses
το μπουκάλι, -ια	*to bukáli, -ia*	die Flasche
το φίλμ	*to film*	der Film
μπορώ	*boró*	können
πληρώνω *(I)*	*pliróno*	bezahlen
πληρώσω *(II)*	*pliróßo*	
το τσεκ	*to tßék*	der Scheck
βεβαίως	*wewéoß*	sicher(lich)

Redewendungen

θέλω να δοκιμάσω *thélo na dhokimáßo*	ich möchte anprobieren *(einmalig, abgeschlossen)*
Μπορώ να πληρώσω; *boró na pliróßo*	Kann ich bezahlen? *(einmalig, abgeschlossen)*
της πάνε *tiß páne*	sie steht ihr/sie paßt ihr *(unpersönlich)*

III. Übersetzung

(Verkäuferin: *V.*)

In Agia Marina gehen Marianne und Peter einkaufen. Sie gehen in ein sehr schönes Geschäft (hinein). Im Schaufenster sieht Marianne schöne Sonnenbrillen, eine blaue und eine schwarze. Ihr gefällt die blaue Sonnenbrille.

V.: Guten Tag! Kommen Sie herein, bitte. – *M.:* Guten Tag. Im Schaufenster haben Sie schöne Sonnenbrillen und hübsche große Taschen für den Strand. Ich möchte diese blaue Sonnenbrille anprobieren. Sie gefällt mir sehr! Sie ist sehr modern. – *V.:* Sie ist aber auch schön! Sie ist schöner als die schwarze.

Marianne probiert die Sonnenbrille an, aber sie ist (zu) klein. *M.:* Haben Sie diese Sonnenbrille etwas größer? Sie ist mir etwas (zu) klein. – *V.:* Ja, vielleicht ist diese hier etwas größer. – *M.:* Danke.

Marianne probiert wieder. Die Sonnenbrille steht ihr sehr gut. *M.:* Peter, gefällt dir die Sonnenbrille? – *P.:* Sie ist schön. Wieviel kostet diese Brille? – *V.:* Sie kostet 8000 Dr. Sie ist eine von den besten Sonnenbrillen, die wir haben. – *M.:* In Ordnung! Ich möchte noch ein Sonnenöl. - *V.:* Bitte sehr, hier sind die

Sonnenöle. Wir haben alle Marken. – *M.:* Schön. Ich nehme diese Flasche. – *P.:* Ich möchte noch 2 Filme für den Fotoapparat. – *V.:* Bitte sehr. – *P.:* Wieviel kostet alles zusammen? – *V.:* Es kostet (*wörtl.:* sie kosten) 9200 Dr. – *P.:* Kann ich mit Scheck bezahlen? – *V.:* Sicher(lich).

IV. Grammatik

Die Verbstämme I und II

In der 10. Lektion haben Sie bereits gelernt, daß es im Griechischen zwei Verbstämme gibt.
Oftmals läßt sich der Stamm II direkt vom Stamm I ableiten, indem ein **-σ** angefügt wird.
Endet der Stamm I auf einen Konsonanten, so wird dieser entweder durch ein **-σ** ersetzt, oder es entsteht durch Verschmelzung ein neuer Konsonant:

	Stamm I		Stamm II
①	**Vokal**	**+ σ**	
	ακού-ω		**ακούσ-ω**
	akúo		*akúßo*
②	**ζ/δ/ν**	**Ersatz -σ**	
	ψωνίζ-ω		**ψωνίσ-ω**
	pßoníso		*pßoníßo*
③	**β/π/φ**	**+ σ → ψ**	
	γράφ-ω		**γράψ-ω**
	ghráfo		*ghrápßo*
④	**γ/κ/χ**	**+ σ → ξ**	
	τρέχ-ω		**τρέξ-ω**
	trécho		*tréxo*

Die Steigerung der Adjektive

Die Steigerung der Adjektive erfolgt durch das Voranstellen von **πιο** *(pjo)* »mehr« (Komparativ), z. B.:

μεγάλα γυαλιά	–	πιο μεγάλα γυαλιά	größere Brille
meghála jialiá		*pjo meghála jialiá*	
μικρά γυαλιά	–	πιο μικρά γυαλιά	kleinere Brille
mikrá jialiá		*pjo mikrá jialiá*	

Eine weitere Steigerung (Superlativ) wird erreicht durch das Voranstellen des bestimmten Artikels und des Wortes **πιο,** z. B.:

τα πιο μεγάλα γυαλιά *(ta pjo meghála jialiá)* – die größte Brille
τα πιο μικρά γυαλιά *(ta pjo mikrá jialiá)* – die kleinste Brille

Im Griechischen gibt es auch eine weitere Steigerung, die den höchsten Grad beschreibt (Elativ). Die Steigerung wird mit **πολύ** »viel« gebildet, z. B.:

πολύ μεγάλα γυαλιά *(polí meghála jialiá)* – sehr große Brille
πολύ μικρά γυαλιά *(polí mikrá jialiá)* – sehr kleine Brille

Der Vergleich

Das Deutsche »als« wird im Griechischen durch **από** *(apó)* ausgedrückt, z. B.:

Αυτά τα γυαλιά είναι πιο μεγάλα **από** αυτά εδώ.
aftá ta jialiá íne pjo meghála apó aftá edhó
Diese Brille ist größer als diese hier.

Das Personalpronomen im Genitiv/Dativ

Es gibt zwei Gruppen von Personalpronomen, die starken und die schwachen. Die starke Form wird bei einer besonderen Hervorhebung der Person gebraucht, die schwache Form wird beim normalen Sprachgebrauch eingesetzt.

Die schwache Form des Personalpronomens und unpersönliche Ausdrücke

Anders als im Deutschen steht im Griechischen das schwache Personalpronomen **vor** dem Verb. Es bildet zusammen mit dem Verb eine klangliche Einheit.
Der Genitiv im Griechischen entspricht dem Dativ im Deutschen.

μου	*(mu)*	mir	**μας**	*(maß)*	uns
σου	*(ßu)*	dir	**σας**	*(ßaß)*	euch, Ihnen
του	*(tu)*	ihm	**τους**	*(tuß)*	ihnen
της	*(tiß)*	ihr			
του	*(tu)*	ihm			

Ferner gibt es Verben, die in der unpersönlichen Form gebraucht werden. Aus der Verbindung mit dem Personalpronomen gehen die einzelnen Personen hervor, z. B.:

μου αρέσει	*(mu aréßi)*	es gefällt mir
σου αρέσει	*(ßu aréßi)*	es gefällt dir
της αρέσει	*(tiß aréßi)*	es gefällt ihr
μου πάει	*(mu pái)*	es steht mir

Demonstrativpronomen (hinweisende Fürwörter)

Die Personalpronomen **αυτός, αυτή, αυτό** »er, sie, es« sind auch gleichzeitig Demonstrativpronomen.
Treten sie in dieser Funktion in Verbindung mit einem Substantiv auf, so steht der bestimmte Artikel immer vor diesem Substantiv, z. B.:

αυτό το παντελόνι	*(aftó to pandelóni)*	diese Hose
αυτό το λεωφορείο	*(aftó to leoforío)*	dieser Bus
αυτή η εφημερίδα	*(aftí i efimerídha)*	diese Zeitung
αυτός ο κύριος	*(aftóß o kírioß)*	dieser Herr

In Griechenland können Sie Ihre Rechnungen mit Reiseschecks oder Euroschecks sowie mit Kreditkarten begleichen.
Wenn Sie an Marktständen einkaufen, können Sie eventuell durch Handeln einen besseren Preis zu erzielen; in den Geschäften ist dies grundsätzlich nicht üblich.

V. Übungen

1. Bilden Sie die Steigerung folgender Adjektive.

a) μεγάλα γυαλιά – πιο μεγάλα γυαλιά – τα πιο μεγάλα γυαλιά
meghála jialiá *pjo meghála jialiá* *ta pjo meghála jialiá*

b) ωραία τσάντα – .... – ....
oréa tßánda

c) ωραία βιτρίνα – .... – ....
oréa witrína

d) φρέσκα φρούτα – .... – ....
fréßka frúta

e) γλυκά σύκα – .... – ....
ghliká ßíka

f) ωραία μήλα – .... – ....
oréa míla

2. Setzen Sie die richtige Form des Personalpronomens ein.

a) Πέτρο, ... αρέσουν τα γυαλιά; (2. Person Singular)
Pétro, ... aréßun ta jialiá

b) Τα γυαλιά .... αρέσουν πολύ. (1. Person Singular)
ta jialiá ... aréßun polí

c) .... είναι λίγο μικρά. (1. Person Singular)
... íne lígho mikrá

d) Τα γυαλιά .... πάνε πολύ ωραία. (2. Person Plural)
ta jialiá ... páne polí oréa

3. Übersetzen Sie folgende Sätze.

a) Ich möchte 2 Filme für den Fotoapparat.
b) Sie (die Brille) ist mir etwas (zu) klein.
c) Sie haben schöne Taschen.
d) Es gefällt mir gut.
e) Ich möchte diese blaue Sonnenbrille.

4. Setzen Sie in folgenden Text bitte die entsprechende Form des Adjektivs ein.

a) – Αυτά τα γυαλιά είναι .... απ' αυτά. (größer)
aftá ta jialiá íne ... ap' aftá

b) – Αυτό το λάδι ηλίου είναι .... απ' αυτό. (besser)
aftó to ládhi iliu íne ... ap' aftó

c) – Είναι .... γυαλιά που έχουμε. (besten)
íne ... jialiá pu échume

d) – Τα μπλε είναι .... από τα μαύρα. (schöner)
ta ble íne ... apó ta máwra

e) – Τα σύκα είναι .... από τα σταφύλια. (süßer)
ta ßíka íne ... apó ta ßtafília

f) – Τα μήλα είναι .... (die schönsten)
ta míla íne ...

Μάθημα δέκατο τρίτο *máthima dhékato tríto*

Στο τηλέφωνο *(βto tiléfono)*

Telefongespräche

I. Text

(Πέτρος = *Π.*; Μαριάννα = *Μ.*; Υπάλληλος = *Υ.*; Stimme = φωνή: *φ.*)

Ο Πέτρος και η Μαριάννα πάνε στον Ο.Τ.Ε. για να πάρουν
o Pétroß ke i Mariána páne βton OTÉ ja na párun
τηλέφωνο.
tiléfono

Πρώτα η Μαριάννα θέλει να τηλεφωνήσει στη Γερμανία.
próta i Mariána théli na tilefoníßi βti Jermanía

M.: Συγγνώμη, ποιος είναι ο αυτόματος για τη Γερμανία;
βighnómi, pjoß íne o aftómatoß ja ti Jermanía

Y.: Για τη Γερμανία ο αυτόματος είναι 0049.
ja ti Jermanía o aftómatoß íne 0049 (midhén midhén βaránda eniá)
Μετά θα πάρετε τον αυτόματο της πόλης που θέλετε
metá tha párete ton aftómato tiß póliß pu thélete
και στο τέλος τον αριθμό σας.
ke βto téloß ton arithmó βaß

M.: Ευχαριστώ.
efcharißtó

... Μετά από λίγο.
metá apó lígho

M.: Πω, πω, δύσκολα πιάνεις γραμμή.
po, po dhíßkola piániß ghramí
Το τηλέφωνο βουίζει συνέχεια.
to tiléfono wuísi ßinéchia
Θέλω να μιλήσω με την Αγγέλικα. Θα ξαναπάρω πάλι.
thélo na milíßo me tin Angélika tha xanapáro páli

Π.: Εγώ θα πάρω τηλέφωνο το Θωμά.
eghó tha páro tiléfono to Thomá

... Στο τηλέφωνο.
ßto tiléfono

Π.: Γειά σας! Εδώ είναι ο Πέτρος, ο Γερμανός.
jiá ßaß edhó íne o Pétroß, o Jermanóß
Θέλω να μιλήσω με το Θωμά.
thélo na milíßo me to Thomá

φ.: Μία στιγμή!
miá ßtighmí

Θ.: Ορίστε, παρακαλώ. Γειά σου Πέτρο.
oríßte, parakaló jiá ßu Pétro

Π.: Γειά σου, Θωμά, τι κάνεις;
jiá ßu, Thomá, ti kániß

Θ.: Είμαι καλά, ευχαριστώ και εσύ;
íme kalá, efcharißtó ke eßí

Π.: Καλά, καλά.
kalá, kalá

Θ.: Είστε στην Αγία Μαρίνα;
íßte ßtin Ajía Marína

Π.: Ναι.
ne

Θ.: Τι κάνετε αύριο το βράδυ;
ti kánete áwrio to wrádhi
Θέλετε να πάμε να φάμε ψάρι φρέσκο;
thélete na páme na fáme pßári fréßko

Π.: Ναι, αύριο το βράδυ μπορούμε.
ne, áwrio to wrádhi borúme

Πού μπορούμε να δώσουμε ραντεβού;
pu borúme na dhóßume randewú

Θ.: Θα έρθω στο ξενοδοχείο σας.
tha értho ßto xenodhochío ßaß

Π.: Εντάξει. Τι ώρα;
endáxi ti óra

Θ.: Στις οχτώ η ώρα.
ßtiß ochtó i óra

Π.: Πολύ ωραία.
polí oréa

Λοιπόν μέχρι αύριο στις (οχτώ).
lipón méchri áwrio ßtiß ochtó

Γειά σου.
jiá ßu

Θ.: Γειά σου.
jiá ßu

II. Wortschatz

δέκατο τρίτο	*dhékato tríto*	dreizehnte
στο τηλέφωνο	*ßto tiléfono*	am Telefon
ο Ο.Τ.Ε. (ο Οργανισμός Τηλεπικοινωνιών Ελλάδα)	*o O.T.É. (Organißmóß Tilepikinonión Eládha)*	die Griechische Telekommunikationsgesellschaft
στον Ο.Τ.Ε.	*ßton O.T.É.*	im Telefonamt
για να	*ja na*	um ... zu; damit
παίρνω *(I)*	*pérno*	wählen
πάρω *(II)*	*páro*	
παίρνω τηλέφωνο	*pérno tiléfono*	anrufen
τηλεφωνώ *(I)*	*tilefonó*	
τηλεφωνήσω *(II)*	*tilefoníßo*	
πρώτα	*próta*	zuerst
ποιος	*pjoß*	welcher
ο αυτόματος	*o aftómatoß*	die Vorwahl
μηδέν	*midhén*	die Null
θα πάρω	*tha páro*	ich werde wählen
η πόλη	*i póli*	die Stadt
(*Pl.* οι πόλεις)	*(Pl. i póliß)*	
της πόλης	*tiß póliß*	der Stadt *(Gen.)*
το τέλος	*to téloß*	am Schluß

ο αριθμός, -οι	*o arithmóß, -i*	die Nummer
πω, πω	*po, po*	o je!
πιάνω *(I)*,	*piáno*	(*hier:* durch-
πιάσω *(II)*	*piáßo*	kommen)
η γραμμή, -ές	*i ghramí, -éß*	die Leitung
βουίζω *(I)*,	*wuíso*	(*hier:* es ist besetzt)
βουίξω *(II)*	*wuíxo*	
συνέχεια	*ßinéchia*	ständig
ξαναπαίρνω *(I)*	*xanapérno*	nochmals/wieder
ξαναπάρω *(II)*	*xanapáro*	wählen
μιλώ *(I)*	*miló*	sprechen
μιλήσω *(II)*	*milíßo*	
αύριο	*áwrio*	morgen
μπορώ *(I)*	*boró*	können
μπορέσω *(II)*	*boréßo*	
δίνω ραντεβού *(I)*	*dhíno randewú*	sich verabreden
δώσω ραντεβού *(II)*	*dhóßo randewú*	
δίνω	*dhíno*	geben
έδωσα	*édhoßa*	*(Aorist)*
δύσκολα *(Adv.)*	*dhíßkola*	schwer
έρχομαι *(I)*	*érchome*	kommen
(έ)ρθω *(II)*	*(é)rtho*	

Redewendungen

θα τηλεφωνήσω *(tha tilefoníßo)* ich werde anrufen
θα πάρω τηλέφωνο *(tha páro tiléfono)* ich werde wählen
θα ξαναπάρω (τηλέφωνο) *(tha xanapáro [tiléfono])* ich werde wieder/nochmals wählen

III. Übersetzung

Peter und Marianne gehen zum O.T.E. (Telefonamt), um zu telefonieren.
Zuerst will Marianne in Deutschland anrufen.

M.: Verzeihung, welche ist die Vorwahl für Deutschland? – *A.:* Die Vorwahl für Deutschland ist 0049. Danach wählen Sie die Vorwahl der Stadt, die Sie möchten, und am Schluß Ihre Nummer. – *M.:* Danke.

Nach einiger Zeit ...

M.: O je. Man kommt schwer durch. Ständig ist besetzt. Ich werde nochmals wählen! Ich möchte mit Angelika sprechen. – *P.:* Ich werde Thomas anrufen.

Am Telefon.
(Stimme: *S.*)

P.: Guten Tag! Hier ist Peter, der Deutsche. Ich möchte mit Thomas sprechen. – *S.:* Einen Augenblick. – *T.:* Bitte sehr! Hallo Peter! – *P.:* Grüß Dich, Thomas! Wie geht es dir? – *T.:* Es geht mir gut. Danke und dir? – *P.:* Gut, gut. – *T.:* Seid ihr in Agia Marina? – *P.:* Ja, ja. – *T.:* Was habt (»macht«) ihr morgen abend vor? Möchtet ihr, daß wir (zusammen) frischen Fisch essen gehen? – *P.:* Ja, morgen abend können wir (essen gehen). Wo können wir uns treffen? – *T.:* Ich werde in euer Hotel kommen. – *P.:* In Ordnung. Um wieviel Uhr? – *T.:* Um acht. – *P.:* Sehr schön. Also bis morgen um acht. Tschüs! – *T.:* Tschüs!

IV. Grammatik

Die vollendete Vergangenheit der endbetonten Verben auf «-ώ»: Stamm II/Aorist

Der Aorist (vollendete Vergangenheit) der endbetonten Verben wird vom Stamm II eines Verbs gebildet und bezeichnet eine Handlung in der Vergangenheit, die **einmalig** und **abgeschlossen** ist. Bei den meisten Verben der 2. Konjugation läßt sich der Stamm II direkt von Stamm I ableiten, indem die Silbe **-ησ** angehängt wird. Der Akzent liegt dabei stets auf der drittletzten Silbe.

Hinweis:

Wenn eine drittletzte Silbe für die Akzentsetzung nicht vorhanden ist, so wird diese durch Präfigierung (Voranstellen) eines **ε-** geschaffen. Dieses **ε** wird als Augment bezeichnet.

z. B.:	**Indikativ**		**Aorist**
	τρώω *(tróo)*		έφαγα *(éfagha)*
	κάνω *(káno)*		έκανα *(ékana)*
		aber:	κάναμε *(káname)*

Die Endungen des Aorists unterscheiden sich von den Endungen des Präsens wie folgt:

-α	*(-a)*	**-αμε**	*(-ame)*
-ες	*(-eß)*	**-ατε**	*(-ate)*
-ε	*(-e)*	**-αν(ε)**	*(-an[e])*

Beispiele:

τηλεφωνώ *(tilefonó)* anrufen

τηλεφών-**ησ-α**	*(tilefónißa)*	ich rief an
τηλεφών-**ησ-ες**	*(tilefónißeß)*	du riefst an
τηλεφών-**ησ-ε**	*(tilefóniße)*	er rief an
τηλεφων-**ήσ-αμε**	*(tilefonißame)*	wir riefen an
τηλεφων-**ήσ-ατε**	*(tilefonißate)*	ihr rieft an
τηλεφών-**ησ-αν**	*(tilefónißan)*	sie riefen an

μιλάω/μιλώ	*(miláo/miló)*	μίλ**ησα**	*(milißa)*	ich sprach
ευχαριστώ	*(efcharißtó)*	ευχαρίστ**ησα**	*(efcharíßtißa)*	ich dankte
ρωτάω/ρωτώ	*(rotáo/rotó)*	ρώτ**ησα**	*(rótißa)*	ich fragte

Bei diesen Verben gibt es bei der Bildung der Vergangenheitsform nur ganz wenige Ausnahmen, wo statt der Silbe **-ησ** die Silbe **-εσ** oder **-ασ** angehängt wird, z. B.:

können: μπορώ *(boró)* μπόρ**εσα** *(bóreßa)* ich konnte

Die Bildung des Konjunktivs (die να-Konstruktion)

Wie bereits in der 10. Lektion erwähnt, steht die **να**-Konstruktion anstelle des Infinitivs oder eines Relativsatzes.
Die **για να**-Sätze entsprechen den deutschen **damit ...** oder **um ... zu**-Sätzen, z. B.:

για να πάρουν τηλέφωνο *(ja na párun tiléfono)* um zu telefonieren

Es wird damit eine einmalige, punktuelle Handlung in der Gegenwart bezeichnet.
Die Verbform wird aus dem Stamm II und den Endungen des Präsens zusammengesetzt, z. B.:

τηλεφωνώ	*(tilefonó)*	anrufen
για να τηλεφωνήσω	*(ja na tilefonißo)*	um anzurufen
μιλώ	*(miló)*	sprechen

για να μιλήσω	*(ja na milíßo)*	um zu sprechen
τρώω	*(tróo)*	essen
για να φάω	*(ja na fáo)*	um zu essen
δίνω	*(dhíno)*	geben
για να δώσω	*(ja na dhóßo)*	um zu geben

Unregelmäßige Bildung

παίρνω	*(pérno)*	nehmen/wählen
να πάρω	*(na páro)*	
πηγαίνω/πάω	*(pijéno/páo)*	gehen
να πάω	*(na páo)*	

Die Bildung des Futurs (der Zukunftsform)

Das Futur wird aus der unveränderlichen Partikel **θα** *(tha)* und dem Stamm I oder II des Verbs gebildet. Es wird meist der Stamm II der Verben verwendet, der auf einen Abschluß der Handlung in der Zukunft hindeutet.
Es wird genauso verfahren, wie bei der **να**-Konstruktion, nur wird die Partikel **να** durch **θα** ersetzt.

Beispiele:

	Präsens			
	Stamm I		**Stamm II**	
essen	τρώω	*(tróo)*	φάω	*(fáo)*
trinken	πίνω	*(píno)*	πιώ	*(pjo)*
nehmen	παίρνω	*(pérno)*	πάρω	*(páro)*
sprechen	μιλώ	*(miló)*	μιλήσω	*(milíßo)*
anrufen	τηλεφωνώ	*(tilefonó)*	τηλεφωνήσω	*(tilefoníßo)*
geben	δίνω	*(dhíno)*	δώσω	*(dhóßo)*

	Futur	
ich werde essen	θα φάω	*(tha fáo)*
ich werde trinken	θα πιώ	*(tha pjo)*
ich werde nehmen	θα πάρω	*(tha páro)*
ich werde sprechen	θα μιλήσω	*(tha milíßo)*
ich werde anrufen	θα τηλεφωνήσω	*(tha tilefoníßo)*
ich werde geben	θα δώσω	*(tha dhóßo)*

Das Verb «έρχομαι» *(érchome)* »kommen«

Das Verb **έρχομαι** hat eine unregelmäßige Bildungsweise. Daher wird hier jede Form einzeln aufgeführt.

Präsens	Stamm II	Aorist	Konjunktiv	Futur
έρχομαι	έρθω	ήρθα	για να έρθω	θα έρθω
érchome	*értho*	*írtha*	*ja na értho*	*tha értho*
ich komme*	ich komme	ich kam	damit ich komme	ich werde kommen

* (wiederholte, gewohnheitsmäßige Handlung)

Das Präfix «ξανα-» *(xana-)* »wieder-«

Wenn das Präfix **ξανα-** den Verben vorangestellt wird, bekommt das Verb die Bedeutung der Wiederholung.

θα ξαναπάρω *(tha xanapáro)* ich werde wieder/nochmals wählen

Das Telefonamt/O.T.E.

Das Telefonamt ist in Griechenland vom Postamt auch räumlich getrennt. Wenn man ins Ausland anrufen will, kommt man in der Regel schwer durch. Man kann auch aus der Telefonzelle oder vom Kiosk aus anrufen. Es werden 10-Dr-Münzen benötigt.

Hier sind einige wichtige Telefonnummern:

- internationale Auskunft 1 62
- nationale Auskunft (in englischer Sprache) 1 53
- Deutsche Botschaft in Athen 36 94 11
  Anschrift: Vas. Sofias 10 Athen
- Touristenpolizei 1 71
- Notdienst 1 00
- Feuerwehr 1 99
- Die Vorwahl für Deutschland aus Griechenland ist 00 49

Deutsche Konsulate gibt es in:

Chania, Iraklion, Korfu, Rhodos, Saloniki, Samos, Volos

V. Übungen

1. Setzen Sie die richtige Verbform ein.

a) Η Μαριάννα θέλει να .... στη Γερμανία. (anrufen)
i Mariána théli na ... ßti Jermanía

b) Θέλω να .... με το Θωμά. (sprechen)
thélo na ... me to Thomá

c) Θέλουμε να πάμε να .... φρέσκο ψάρι. (essen)
thélume na páme na ... fréßko pßári

d) Ο Πέτρος θέλει να .... τηλέφωνο το Θωμά. (wählen)
o Pétroß théli na ... tiléfono to Thomá

e) Που μπορούμε να .... ραντεβού; (geben/verabreden)
pu borúme na ... randewú

2. Setzen Sie folgende Verben in das Futur.

a) Η Μαριάννα θα .... στη Γερμανία. (anrufen)
i Mariána tha ... ßti Jermanía

b) Μετά θα .... τον αυτόματο της πόλης. (wählen/2. Pers. Pl.)
metá tha ... ton aftómato tiß póliß

c) Δύσκολα πιάνεις γραμμή. Θα .... πάλι. (nochmals wählen/1. Pers. Sg.)
dhíßkola piániß ghramí tha ... páli

d) Θα .... στο ξενοδοχείο. (kommen)
tha ... ßto xenodhochío

3. Übersetzen Sie.

a) Einen Augenblick.
b) Wo können wir uns verabreden?
c) Ich werde in euer Hotel kommen.
d) Das Telefon ist ständig besetzt.

Μάθημα δέκατο τέταρτο *máthima dhékato tétarto*

Στην ταβέρνα *(ßtin tawérna)*

In der Taverne

I. Text

(Kellner = γκαρσόνι: *γκ.*; Πέτρος: *Π.*; Μαριάννα: *Μ.*; Θωμάς: *Θ.*; Άννα: *Αν.*)

Την Πέμπτη το βράδυ.
tin Pémbti to wradhi

γκ.: Καλησπέρα σας!
kalißpéra baß

Π.: Καλησπέρα.
kalißpéra

γκ.: Ορίστε, παρακαλώ, καθήστε.
oríßte, parakaló, kathíßte

Θ.: Ευχαριστούμε.
efcharißtúme

γκ.: Ορίστε ο κατάλογος.
oríßte o katáloghoß
Τι θέλετε να πιείτε;
ti thélete na pjíte

Π.: Απόψε θέλουμε να πιούμε πρώτα ούζο και μετά κρασί.
apópße thélume na pjúme próta úso ke metá kraßí

γκ.: Ωραία! Θέλετε και μεζέ με το ούζο;
oréa thélete ke mesé me to úso

Μ.: Τι έχετε για μεζέ;
ti échete ja mesé

γκ.: Για μεζέ έχουμε σήμερα μελιτζανοσαλάτα, φέτα, ελιές, αγγούρι, σαρδέλες.
ja mesé échume ßímera melidsanoßaláta, féta, eliéß, angúri, ßardhéleß

Θ.: Εδώ η ταβέρνα έχει πολύ καλή μελιτζανοσαλάτα.
edhó i tawérna échi polí kalí melidsanoßaláta

Μ.: Πράγματι, πράγματι.
prághmati, prághmati

Π.: Τότε θέλουμε για όλους τέσσερα ούζα και τέσσερις μεζέδες.
tóte thélume ja óluß téßera úsa ke téßeriß mesédheß

Η Άννα και ο Θωμάς λένε ότι έχει φρέσκο ψάρι, μπαρμπούνι, και γαρίδες, αλλά και πολύ ωραίο μουσακά και παστίτσιο.
i 'Ana ke o Thomáß léne óti échi fréßko pßári, barbúni, ke gharídheß, alá ke polí oréo mußaká ke paßtítßio

Π.: Για φαγητό θα παραγγείλω ψάρι. Εγώ θέλω καλαμάρια με πατάτες τηγανιτές.
ja fajitó tha parangílo pßári eghó thélo kalamária me patáteß tighanitéß

Μ.: Εγώ θέλω μία σαλάτα χωριάτικη και για ψάρι, … δεν ξέρω.
eghó thélo mía ßaláta choriátiki ke ja pßári … dhen xéro

Άννα, θέλεις να παραγγείλουμε μαζί μπαρμπούνια;
'Ana, théliß na parangílume masí barbúnia

Αν.: Καλή ιδέα, ίσως μισό κιλό μπαρμπούνια;
kalí idhéa, íßoß mißó kiló barbúnia

Μ.: Ναι, ναι.
ne, ne

Θ.: Να πιούμε όλοι μαζί ρετσίνα;
na pjúme óli masí retßína

Π.: Ναι, η ρετσίνα μας αρέσει πολύ.
ne, i retßína maß aréßi polí

Τα φαγητά είναι πολύ γευστικά και πολύ φρέσκα.
ta fajitá íne polí jefßtiká ke polí fréßka

γκ.: Καλή όρεξη!
kalí órexi

Μετά από λίγο ...
metá apó lígho ...

Θ.: Το λογαριασμό, παρακαλώ.
to loghariasmó, parakaló

γκ.: Αμέσως.
améßoß
Όλα μαζί;
óla masí

Θ.: Ναι, όλα μαζί.
ne, óla masí

γκ.: Όλα μαζί κάνουν 4.500 δρχ.
óla masí kánun 4500 (téßeriß chiliádheß pendakóßießß) dhra~~ch~~méß

Θ.: Ορίστε 5.000 δρχ. Είναι εντάξει.
oríßte 5000 (pénde chiliádheß) dhra~~ch~~méß íne endáxi

γκ.: Ευχαριστώ. Καλό βράδυ!
ef~~ch~~arißtó kaló wrádhi

II. Wortschatz

δέκατο τέταρτο	*dhékato tétarto*	vierzehnte
η Πέμπτη	*i Pémbti*	der Donnerstag
ο κατάλογος, -οι	*o katáloghoß, -ji*	die Speisekarte
απόψε	*apópße*	heute abend
το κρασί, -ιά	*to kraßí, -iá*	der Wein
ο μεζές, -δες	*o meséß, -dheß*	das Häppchen/ die Vorspeise
για	*ja*	*hier:* als
σήμερα	*ßímera*	heute
η μελιτζανοσαλάτα, -ες	*i melidsanoßaláta, -eß*	der Auberginensalat
η φέτα, -ες	*i féta, -eß*	der Schafskäse
η ελιά, -ές	*i eliá, -éß*	die Olive
το αγγούρι, -ια	*to angúri, -ia*	die Gurke

η σαρδέλα, -ες	*i ßardhéla, -eß*	die Sardelle
πράγματι	*prághmati*	in der Tat
τότε	*tóte*	dann
για όλους	*ja óluß*	für alle
λένε	*léne*	man sagt, man behauptet
λέω *(I)*, πώ *(II)*	*léo, po*	sagen
(*Aor.:* είπα,	*(Aor.: ípa,*	
Konj.: να πω)	*Konj.: na po)*	
ότι	*óti*	daß *(Konjunktion)*
το μπαρμπούνι, -ια	*to barbúni, -ia*	die Meeräsche
η γαρίδα, -ες	*i gharídha, -eß*	die Garnele
το παστίτσιο	*to paßtítßio*	der Nudelauflauf
το φαγητό	*to fajitó*	das Essen
παραγγέλνω *(I)*	*parangélno*	bestellen
παραγγείλω *(II)*	*parangílo*	
το καλαμάρι, -ια	*to kalamári, -ia*	der Tintenfisch
οι πατάτες τηγανιτές	*i patáteß tighanitéß*	die Pommes frites
η σαλάτα χωριάτικη	*i ßaláta ~~ch~~oriátiki*	der Bauernsalat
½ (μισό) κιλό	*(mißó) kiló*	½ Kilo
όλοι	*óli*	alle
η παραγγελία	*i parangelía*	die Bestellung
γευστικός, -ή, -ό	*jefßtikóß, -í, -ó*	schmackhaft
καλή όρεξη	*kalí órexi*	Guten Appetit

III. Übersetzung

Am Donnerstagabend
(Kellner: *K.*)

K.: Guten Abend! – *P.:* Guten Abend. – *K.:* Setzen Sie sich, bitte. – *Th.:* Danke (wir danken) – *K.:* Bitte sehr, die Speisekarte! Was möchten Sie trinken? – *P.:* Heute abend möchten wir zuerst Ouzo und danach Wein trinken. – *K.:* Schön! Möchten Sie auch ein Häppchen zum Ouzo? – *M.:* Was für Häppchen haben Sie? – *K.:* Als Häppchen haben wir heute Auberginensalat, Schafskäse, Oliven, Gurke, Sardellen. – *Th.:* Hier in der Taverne gibt es leckeren (sehr guten) Auberginensalat. – *M.:* In der Tat, in der Tat. – *P.:* Ah! Dann möchten wir für alle 4 Ouzo und 4 Häppchen/Vorspeisen.

Anne und Thomas sagen, daß es frischen Fisch wie Meeräsche und Garnelen gibt, und daß es auch sehr guten Mussaka und Nudelauflauf gibt.

P.: Dann werden wir als Essen Fisch bestellen. Ich möchte Tintenfisch mit Pommes frites. – *M.:* Ich möchte einen Bauernsalat, aber welchen Fisch weiß ich nicht (und als Fisch weiß ich nicht). Anne, sollen wir zusammen Meeräsche bestellen? – *An.:* (Das ist eine) Gute Idee, vielleicht ein halbes Kilo Meeräsche? – *M.:* Ja, ja. – *Th.:* Sollen wir alle zusammen Retsina trinken? – *P.:* Ja, Retsina schmeckt uns sehr (gut).

Die Speisen sind sehr schmackhaft und sehr frisch.

K.: Guten Appetit.

Nach einer Weile.

Th.: Die Rechnung, bitte. – *K.:* Sofort. Alles zusammen? – *Th.:* Ja, alles zusammen. – *K.:* Alles zusammen macht 4000 Dr. – *Th.:* Bitte sehr 5000 Dr. Es ist in Ordnung. – *K.:* Danke. Guten Abend.

IV. Grammatik

Die Wochentage «οι ημέρες» *(i iméreß)*

η Κυριακή	*i Kiriakí*	der Sonntag
η Δευτέρα	*i Dheftéra*	der Montag
η Τρίτη	*i Tríti*	der Dienstag
η Τετάρτη	*i Tetárti*	der Mittwoch
η Πέμπτη	*i Pémbti*	der Donnerstag
η Παρασκευή	*i Paraßkewí*	der Freitag
το Σάββατο	*to Sáwato*	der Samstag

Beachten Sie:

την Κυρακή	*tin Kiriakí*	am Sonntag
τη Δευτέρα	*ti Deftéra*	am Montag
την Τρίτη	*tin Tríti*	am Dienstag
την Τετάρτη	*tin Tetárti*	am Mittwoch
την Πέμπτη	*tin Pémbti*	am Donnerstag
την Παρασκευή	*tin Paraßkewí*	am Freitag
το Σάββατο	*to Sáwato*	am Samstag

Alle Wochentage bis auf den Samstag gehören der weiblichen Deklination an. Der Samstag ist sächlich.
Beachten Sie, daß die Wochentage im Sinne von »am Montag« usw. im Griechischen immer im Akkusativ mit dem bestimmten Artikel stehen.
Genauso verhält es sich mit den Tagesabschnitten (vgl. 13. Lektion).

Überblick über die Konjugation der Verbformen von «φάω» *(fáo)* *(Stamm I)* und «πιώ» *(pjo̱)* *(Stamm II)*

Θέλω ... *(thélo)* ich will/möchte ...
να φάω *(na fáo)* essen; να πιώ *(na pjo)* trinken

Die Verbform **φάω** wird wie **ρωτώ** konjugiert (vgl. 11. Lektion).

να φάω	*(na fáo)*	να φάμε	*(na fáme)*
να φάς	*(na fáß)*	να φάτε	*(na fáte)*
να φάει	*(na fái)*	να φάν(ε)	*(na fáne)*

Die Verbform **πιώ** wird wie **μπορώ** konjugiert (vgl. 11. Lektion)

να πιώ	*(na pjo)*	να πιούμε	*(na pjúme)*
να πιείς	*(na pijíß)*	να πιείτε	*(na pjíte)*
να πιεί	*(na pji)*	να πιούν	*(na pjun)*

Die Präposition «για» *(ja)* »für«

Die Präposition για hat neben »für« auch die Bedeutung von »als« (vgl. 7. Lektion), z. B.:

Τι έχετε για μεζέ σήμερα; Was haben Sie heute als Vorspeise?
ti échete ja mesé ßimera
Για μεζέ έχουμε ... Als Vorspeise haben wir ...
ja mesé é~~ch~~ume ...
... για ψάρι, δεν ξέρω ... ... als Fisch, weiß ich nicht ...
... ja pßári dhen xéro ...

Die Gewichtseinheit «το κιλό» *(to kiló)* »das Kilo«

Die Gewichtseinheit **το κιλό** wird im Griechischen sowohl für Flüssigkeiten *(Liter)* als auch für feste Gegenstände *(Kilo)* gebraucht, z. B.:

Θέλω ένα κιλό κρασί. Ich möchte einen Liter Wein.
thélo éna kiló kraßí

Θέλω ένα κιλό μπαρμπούνια. *thélo éna kiló barbúnia*	Ich möchte ein Kilo Meeräsche.
Θέλω ½ (μισό) κιλό κρασί. *thélo mißó kiló kraßí*	Ich möchte einen halben Liter Wein.
Θέλω ¼ (ένα τέταρτο) κρασί. *thélo éna tétarto kraßí*	Ich möchte einen Viertelliter Wein.

Das Relativpronomen

Die Relativpronomen leiten einen Nebensatz ein. Anders als im Deutschen steht bei Nebensätzen im Griechischen die konjugierte Form des Verbs nicht am Ende des Satzes, sondern an zweiter Stelle. Der Satzbau entspricht dem des Hauptsatzes.

- **που** *(pu)* der, die, das, welcher, welche, welches
  Που gehört mehr der gesprochenen Sprache an, es bleibt immer unverändert und kann nicht nach einer Präposition stehen.

Θέλω τα γυαλιά που είναι στη βιτρίνα.
thélo ta jialiá pu íne ßti witrína
Ich möchte die Sonnenbrille, die im Schaufenster ist.

Το λεωφορείο που πάει στην Αγία Μαρίνα.
to leoforío pu pái ßtin Ajía Marína
Der Bus, der nach Agia Marina fährt.

Die griechischen Eßgewohnheiten

Griechen beginnen ihren Tag normalerweise mit einer Tasse Kaffee. Das Frühstück ist bei weitem nicht so vielfältig wie in Deutschland.
Die erste Hauptmahlzeit nehmen sie ungefähr um 13.30 Uhr zu sich. Da es jedoch von morgens bis 13.30 eine lange Zeit ist, werden überall Gebäck, Süßigkeiten, Käsepastetchen usw. verkauft.
Um etwa 10 Uhr abends ist es wieder Zeit für eine Mahlzeit in der Taverne oder zu Hause.
Die Abendluft wird von dem Duft gegrillten Fleisches oder Fisches erfüllt. Da gibt es auch die berühmten «μεζέδες»-Häppchen, zu denen meist Ouzo serviert wird.
In Griechenland trinkt man Ouzo nicht auf nüchternen Magen.

V. Übungen

1. Bilden Sie Relativsätze wie im Muster.
Τρώμε ψάρι – Το ψάρι που τρώμε.
(tróme pßári) *(to pßári pu tróme)*

a) Το καράβι πάει στην Αίγινα. Το καράβι που ....
to karáwi pái ßtin 'Ejina *to karáwi pu ...*

b) Έχει καλή φωτογραφική μηχανή. Λένε ότι ....
échi kalí fotoghrafikí michaní *léne óti ...*

c) Πίνουμε ούζο. Το ούζο που ....
pínume úso *to úso pu ...*

d) Τρώμε μεζέ. Ο μεζές που ....
tróme mesé *o meséß pu ...*

2. Fügen Sie die richtigen Endungen bei folgenden Verben ein.

a) Απόψε θέλουμε να πι... ούζο. *(apópße thélume na pj... úso)*
b) Θέλω να πι... ρετσίνα. *(thélo na pj... retßina)*
c) Ο Πέτρος τι θέλει να πι...; *(o Pétroß ti théli na pj...)*
d) Τι θέλετε να πι...; *(ti thélete na pj...)*
e) Θέλω να φά... μουσακά. *(thélo na fá... mußaká)*
f) Θέλουμε να φά... φρέσκο ψάρι. *(thélume na fá... fréßko pßári)*
g) Τι θέλετε να φά...; *(ti thélete na fá...)*

3. Bitte übersetzen Sie.

a) Heute abend möchten wir Ouzo trinken.
b) Was haben Sie als Vorspeise?
c) Retsina schmeckt uns.
d) Die Rechnung, bitte.
e) Alles zusammen?
f) Alles zusammen kostet/macht 4500 Dr.
g) Ich werde Fisch bestellen.
h) Guten Appetit.
i) Bitte sehr, die Speisekarte.

Kreuzworträtsel

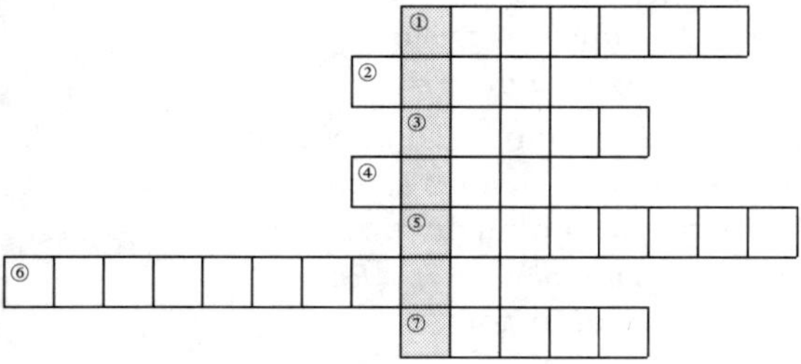

① Zigaretten
② machen, tun
③ Abend
④ danach
⑤ Verabredung
⑥ Meeräsche
⑦ morgen

Μάθημα δέκατο πέμπτο *máthima dhékato pémbto*

Μία κάρτα/Ένα γράμμα *(mía kárta/éna ghráma)*

Eine Postkarte/Ein Brief

I. Text

Κύριον
Γιάννη Κανελόπουλο
Σμύρνης 12
15772 Ζωγράφου
Αθήνα
Ελλάδα

Αγαπητέ Γιάννη, *(aghapité Jiáni)*
Αγαπητή Μαρία, *(aghapití María)*

Γειά σας! Εμείς είμαστε στην Αγία Μαρίνα στην Αίγινα.
jiá ßaß emíß ímaßte ßtin Ajía Marína ßtin ′Ejina
Είναι πολύ ωραία στο νησί. Γνωρίσαμε ένα ζευγάρι Ελλήνων,
íne polí oréa ßto nißí ghnoríßame éna sewghári Elínon,
χτες πήγαμε σε μία ταβέρνα μαζί και φάγαμε και ήπιαμε
chteß píghame ße mía tawérna masí ke fághame ke ípiame
ελληνικά.
eliniká
Ήταν υπέροχα!!
ítan ipérocha

Η ταβέρνα ήταν δίπλα στη θάλασσα. Είδαμε το ναό της
i tawérna ítan dhípla ßti thálaßa ídhame to naó tiß
Αφαίας Αθηνάς, ψωνίσαμε και ωραίες κάρτες.
Aféaß Athináß, pßoníßame ke oréeß kárteß
Μας αρέσει πολύ εδώ στην Αίγινα. Δυστυχώς ο καιρός
maß aréßi polí edhó ßtin 'Ejina dhißtichóß o keróß
πέρασε γρήγορα.
péraße ghríghora

Τη Δευτέρα ήρθαμε και την Παρασκευή θα γυρίσουμε πίσω
ti dheftéra írthame ke tin paraßkewí tha jiríßume píßo
στην Αθήνα, γιατί το Σάββατο θα φύγουμε για τη Γερμανία.
ßtin Athína, jiatí to Sáwato tha fíghume ja ti Jermanía
Την Παρασκευή ελπίζουμε να σας δούμε.
tin Paraßkewí elpísume na ßaß dhúme

Μέχρι τότε πολλούς χαιρετισμούς
méchri tóte polúß cheretismúß

Μαριάννα και Πέτρος
Mariána ke Pétroß

II. Wortschatz

δέκατο πέμπτο	*dhékato pémbto*	fünfzehnte
αγαπητέ	*aghapité*	lieber
αγαπητή	*aghapití*	liebe
γνωρίζω *(I)*	*ghnoríso*	kennenlernen
γνωρίσω *(II)*	*ghnoríßo*	
γνώρισα	*ghnóriße*	*(Aorist)*
το ζευγάρι	*to sewghári*	das (Ehe)paar
ζευγάρι Ελλήνων	*sewghári Elínon*	griechisches Ehepaar
χτες	*chteß*	gestern
πηγαίνω *(I)*	*pijéno*	gehen
πάω *(II)*	*páo*	
πήγα	*pígha*	*(Aorist)*
τρώω *(I)*	*tróo*	essen
φάω *(II)*	*fáo*	
έφαγα	*éfagha*	*(Aorist)*
πίνω *(I)*	*píno*	trinken
πιώ *(II)*	*pjo*	
ήπια	*ípia*	*(Aorist)*

υπέροχα	*ipérocha*	wunderbar
βλέπω *(I)*	*wlépo*	sehen
δώ *(II)*	*dho*	
είδα	*ídha*	*(Aorist)*
ψωνίζω *(I)*	*pßoníso*	einkaufen
ψωνίσω *(II)*	*pßoníßo*	
ψώνισα	*pßóníßa*	*(Aorist)*
δυστυχώς	*dhißtichóß*	leider
ο καιρός	*o keróß*	die Zeit; das Wetter
περνώ *(I)*	*pernó*	vergehen
περάσω *(II)*	*peráßo*	
πέρασα	*péraßa*	*(Aorist)*
γρήγορα	*ghríghora*	schnell
γυρίζω *(I)*	*jiríso*	zurückkehren
γυρίσω *(II)*	*jiríßo*	
γύρισα	*jírißa*	*(Aorist)*
φεύγω *(I)*	*féwgho*	abfliegen
φύγω *(II)*	*fígho*	
έφυγα	*éfigha*	*(Aorist)*
ελπίζω *(I)*	*elpíso*	hoffen
ελπίσω *(II)*	*elpíßo*	
ήλπισα	*ílpißa*	*(Aorist)*
τότε	*tóte*	dann
ο χαιρετισμός, -οί	*o cheretismóß, -í*	Gruß

Redewendungen

Πέρασε ο καιρός. *(péraße o keróß)* Die Zeit ist vergangen.

III. Übersetzung

Herrn Johannes Kanelopoulos
Smirnis 12
15 772 Zografu
Athen
Griechenland

Lieber Johannes, liebe Anna,

Hallo! Wir sind in Agia Marina auf Ägina. Es ist sehr schön auf der Insel. Wir lernten ein griechisches Ehepaar kennen, gestern

gingen wir zusammen in die Taverne und aßen und tranken auf griechische Art. Es war ausgezeichnet.
Die Taverne war (direkt) am Meer.
Wir sahen (besichtigten) den Aphaia-Athene-Tempel, wir kauften auch noch schöne Postkarten. Es gefällt uns sehr hier auf Ägina!
Leider ist die Zeit schnell vergangen, am Montag sind wir hierhergekommen, und am Freitag werden wir nach Athen zurückkehren, weil wir am Samstag nach Deutschland abfliegen. Wir hoffen, daß wir Euch am Freitag sehen.

Bis dann viele Grüße

Marianne und Peter

IV. Grammatik

Die vollendete Vergangenheit *(Aorist)* **der stammbetonten Verben auf «-ω»**

Die Vergangenheitsform (Aorist) bezeichnet eine Handlung in der Vergangenheit, die **einmalig** und **abgeschlossen** bzw. vollendet ist. Die Handlung kann sich über einen langen Zeitraum erstrecken.
Der Aorist wird vom Stamm II abgeleitet, indem folgende Personalendungen angefügt werden:

-α, -ες, -ε, -αμε, -ατε, -αν

Zur Bildung des Stammes II siehe 10. Lektion.
Die Endungen des Aorists unterscheiden sich von den Endungen der Gegenwart (Präsens) wie folgt.

Präsens		Aorist der stammbetonten Verben	
κάν**ω**	*(káno)*	έκαν**α**	*(ékana)*
κάν**εις**	*(káneiß)*	έκαν**ες**	*(ékaneß)*
κάν**ει**	*(kánei)*	έκαν**ε**	*(ékane)*
κάν**ουμε**	*(kánume)*	κάν**αμε**	*(káname)*
κάν**ετε**	*(kánete)*	κάν**ατε**	*(kánate)*
κάν**ουν**	*(kánun)*	έκαν**αν**	*(ékanan)*

Zur Frage des Augments vgl. 13. Lektion.
Es gibt auch eine Reihe von unregelmäßigen Verben, deren Bildungsweise für die Aoristformen Sie am besten auswendig lernen, z. B.:

πάω	*(páo)*	gehen	πήγα	*(pígha)*	ich ging
φέρνω	*(férno)*	bringen	έφερα	*(éfera)*	ich brachte
δίνω	*(dhíno)*	geben	έδωσα	*(édhoßa)*	ich gab
πίνω	*(píno)*	trinken	ήπια	*(ípia)*	ich trank
τρώω	*(tróo)*	essen	έφαγα	*(éfagha)*	ich aß

Hier ein kurzer Überblick über die Konjugation:

πληρώσω (bezahlen)		φάω (essen)	
πλήρωσα	*(plíroßa)*	έφαγα	*(éfagha)*
πλήρωσες	*(plíroßeß)*	έφαγες	*(éfagheß)*
πλήρωσε	*(plíroße)*	έφαγε	*(éfaghe)*
πληρώσαμε	*(pliróßame)*	φάγαμε	*(fághame)*
πληρώσατε	*(pliróßate)*	φάγατε	*(fághate)*
πλήρωσαν	*(plíroßan)*	έφαγαν	*(éfaghan)*

Die Zeitadverbien

χτες	*(chteß)*	gestern
σήμερα	*(ßímera)*	heute
αύριο	*(áwrio)*	morgen
μεθαύριο	*(metháwrio)*	übermorgen

Die Anrede in Briefen

Persönliche Anrede:

αγαπητή Μαρία,	*(aghapití María)*	liebe Maria
αγαπητέ Νίκο,	*(agharité Níko)*	lieber Nikos

oder

αγαπητή μου Μαρία,	*(aghapití mu María)*	meine liebe Maria,
αγαπητέ μου Νίκο,	*(aghapité mu Níko)*	mein lieber Nikos

Geschäftsbrief:

αξιότιμη κυρία Κανελοπούλου, — sehr geehrte Frau Kanelopulou
axiótimi kiría Kanelopúlu

Briefende:

πολλούς χαιρετισμούς. *(polúß cheretismúß)*	(mit) viele(n) Grüße(n)
με φιλικούς χαιρετισμούς *(me filikúß cheretismúß)*	mit freundlichen Grüßen
φιλικά *(filiká)*	freundlich; in aller Freundschaft

Die Anschrift auf dem Briefumschlag (Beispiel):

Κύριον/Κυρία/Δεσποινίς *(kírion/kiría/dheßpiníß)*		Herrn/Frau/Frl.
οικογένεια	*(ikoghénia)*	Familie
Νίκου Λάμπρου	*(Níko Lámbru)*	Name *(Genitiv)*
Βαλαωρίτου 8	*(Walaorítu 8)*	Straße
152–37 Φιλοθέη	*(152–37 Filothéi)*	Postleitzahl/Ort
Αθήνα	*(Athína)*	Stadt
Ελλάδα	*(Eládha)*	Land

V. Übungen

1. Setzen Sie folgende Verben in die Vergangenheit.

a) Χτες .... στην ταβέρνα μαζί. (gehen 1. Person Pl.)
ehteß ... ßtin tawérna masí

b) .... και .... ελληνικά. (essen, trinken 1. Person Pl.)
... ke ... eliniká

c) Δυστυχώς ο καιρός .... γρήγορα. (vergehen 3. Person Sg.)
dhißtiehóß o keróß ... ghríghora

d) Στην Αίγινα .... ωραίες κάρτες (einkaufen 1. Person Pl.)
ßtin 'Ejina ... oréeß kárteß

e) .... το ναο της Αφαίας Αθηνάς. (sehen 1. Person Pl.)
... to naó tiß Aféaß Athináß

f) Χτες .... τηλέφωνο στη Γερμανία. (wählen 1. Person Sg.)
ehteß ... tiléfono ßti Jermanía

g) .... το λογαριασμό; (bezahlen 2. Person Sg.)
... to loghariasmó

2. Setzen Sie die richtige Verbform ein.

a) Η Μαριάννα .... χτες καλαμάρια. (essen)
i Mariána ... ehteß kalamária

b) Η Μαριάννα .... σήμερα καλαμάρια
i Mariána ... ßímera kalamária

c) Η Μαριάννα .... αύριο καλαμάρια.
i Mariána ... áwrio kalamária

d) Η Μαριάννα θέλει να .... καλαμάρια.
i Mariána théli na ... kalamária

e) Ο Πέτρος .... χτες ρετσίνα. (trinken)
o Pétroß ... chteß retßína

f) Ο Πέτρος .... σήμερα ρετσίνα.
o Pétroß ... ßímera retßína

g) Ο Πέτρος .... αύριο ρετσίνα.
o Pétroß ... áwrio retßína

h) Ο Πέτρος θέλει να .... ρετσίνα.
o Pétroß théli na ... retßína

3. Setzen Sie bitte die folgenden Verbformen in die vollendete Vergangenheit (Aorist) und in das Futur.

a) τηλεφωνώ – .... – θα .... *(tilefonó)*
b) δίνω – .... – .... *(dhíno)*
c) μιλώ – .... – .... *(miló)*
d) τρώω – .... – .... *(tróo)*
e) πάω – .... – .... *(páo)*
f) παίρνω – .... – .... *(pérno)*
g) έρχομαι – .... – .... *(érchome)*

4. Schicken Sie Ihren Bekannten eine Postkarte.

– Grüßen Sie
– Sagen Sie:
– daß es in Griechenland schön ist.
– daß es sehr warm ist.
– daß die Zeit schnell vergangen ist.
– daß Sie morgen nach Deutschland abfliegen.
– Schließen Sie die Postkarte mit einem Gruß ab.

5. Übersetzen Sie bitte:

a) Die Zeit ist schnell vergangen.
b) Am Freitag hoffen wir, euch zu sehen.
c) Viele Grüße!
d) Es gefällt uns hier auf Ägina.
e) Wir lernten ein griechisches Paar kennen.
f) Am Samstag werden wir nach Deutschland abfliegen.
g) Bis dann.

Μάθημα δέκατο έκτο *máthima dhékato ékto*

Στο ταχυδρομείο/Στην τράπεζα
(ßto tachidhromío/ßtin trápesa)

Auf der Post **Auf der Bank**

I. Text

(Μαριάννα: *M.*; Υπάλληλος: *Y.*; κύριος: *κ.*)

Η Μαριάννα θέλει να στείλει κάρτες και γράμματα στη
i Mariána théli na ßtíli kárteß ke ghrámata ßti
Γερμανία.
Jermanía

Σήμερα πάει στο ταχυδρομείο.
ßímera pái ßto tachidhromío

Στο ταχυδρομείο
ßto tachidhromío

M.: Χαίρετε!
chérete
Θέλω να στείλω 12 κάρτες και 15 γράμματα
thélo na ßtílo 12 (dhódheka) kárteß ke 15 (dhekapénde) ghrámata
στη Γερμανία. Τι γραμματόσημα χρειάζομαι;
ßti Jermanía ti ghramatóßima chriásome

Y.: Για τα γράμματα χρειάζεστε 15 γραμματόσημα των
ja ta ghrámata chriáseßte 15 (dhekapénde) ghramatóßima ton
100 δραχμών και για τις κάρτες 12 γραμμα-
100 (ekató) dhrachmón ke ja tiß kárteß 12 (dhódheka) ghrama-
τόσημα των 80 δραχμών.
tóßima ton 80 (oghdhónda) dhrachmón

M.: Ευχαριστώ. Πόσο κοστίζουν;
efcharißtó póßo koßtísun

Y.: Έχουμε 15 γραμματόσημα των 100 δραχ-
échume 15 (dhekapénde) ghramatóßima ton 100 (ekató) dhrach-
μών, κάνουν 1.500 δρχ. και 12
món, kánun 1500 (chiließ pendakóßieß) dhrachméß ke 12
γραμματόσημα των 80 δραχμών,
(dhódheka) ghramatóßima ton 80 (oghdhónda) dhrachmón,
κάνουν 960 δρχ. Όλα μαζί κάνουν 2460 δρχ.
kánun 960 (eniakóßieß exínda)dhrachméß óla masí kánun 2460
(dhío chiliádheß tetrakóßieß exínda) dhrachmeß

M.: Ορίστε 3.000 δρχ.
oríßte 3000 (triß chiliádheß) dhrachméß
Πού είναι το γραμματοκιβώτιο;
pu íne to ghramatokiwótio

Y.: Στην έξοδο δεξιά.
ßtin éxodho dhexiá

M.: Ευχαριστώ.
efcharißtó

Στο δρόμο ρωτάει η Μαριάννα πού είναι μία τράπεζα.
ßto dhrómo rotái i Mariána pu íne mía trápesa

M.: Συγγνώμη, ξέρετε πού είναι μία τράπεζα εδώ κοντά;
ßighnómi, xérete pu íne mía trápesa edhó kondá

K.: Ναι, θα πάτε εδώ δεξιά, μετά ευθεία. Στο φανάρι θα πάτε
ne, tha páte edhó dhexiá, metá efthía ßto fanári tha páte
αριστερά και στον πρώτο δρόμο δεξιά. Εκεί είναι μία
arißterá ke ßton próto dhrómo dhexiá ekí íne mía
τράπεζα. Καταλάβατε;
trápesa kataláwate

M.: Όχι καλά. Δεν μιλώ καλά ελληνικά. Σιγά-σιγά, παρα-
óchi kalá dhen miló kalá eliniká ßighá-ßighá para-
καλώ.
kaló

K.: Μιλάτε πολύ καλά ελληνικά.
miláte polí kalá eliniká

M.: Θα πάω εδώ δεξιά, μετά ευθεία μέχρι το φανάρι. Και
tha páo edhó dhexiá, metá efthía mé~~ch~~ri to fanári ke
μετά;
metá

K.: Στο φανάρι θα πάτε αριστερά στην οδό Κορίνθου. Εκεί
ßto fanári tha páte arißterá ßtin odhó Korínthu ekí
στον πρώτο δρόμο δεξιά είναι μία τράπεζα.
ßton próto dhrómo dhexiá íne mía trápesa

M.: Ευχαριστώ πολύ.
ef~~ch~~arißtó polí

Στην τράπεζα
ßtin trápesa

Η Μαριάννα μπαίνει στην τράπεζα.
i Mariána béni ßtin trápesa
Πάει στο ταμείο. Εκεί γράφει «συνάλλαγμα».
pái ßto tamío ekí ghráfi »ßinálaghma«

M.: Μπορώ να αλλάξω λίγα μάρκα σε δραχμές;
boró na aláxo lígha márka ße dhra~~ch~~méß

Y.: Ευχαρίστως.
ef~~ch~~aríßtoß

M.: Πόσο έχει το μάρκο σήμερα;
póßo échi to márko ßímera

Y.: Σήμερα έχει το μάρκο 154 δρχ.
ßímera échi to márko 154 (ekatón penínda téßeriß) dhra~~ch~~méß

M.: Ωραία, θέλω να αλλάξω 300 μάρκα (σε μετρητά) και
oréa, thélo na aláxo 300 (triakóßia) (márka ße metritá) ke
θέλω να αλλάξω και ένα τσεκ των 200 μάρκων.
thélo na aláxo ke éna tßek ton 200 (dhiakóßion) márkon

Y.: Εντάξει. Μπορώ να δώ το διαβατήριό σας και το
endáxi boró na dho to dhiawatírió‿ßaß ke to
νούμερο της κάρτας σας;
número tiß kártaß ßaß

M.: Ορίστε!
oríßte

Ο υπάλληλος εξετάζει το τσέκ, τα λεφτά και το διαβατήριο.
o ipálíloß exetási to tßek, ta leftá ke to dhiawatírio

Y.: Ορίστε τα λεφτά.
orißte ta leftá

M.: Ευχαριστώ. Αντίο
efcharißtó andío

II. Wortschatz

δέκατο έκτο	*dhékato ékto*	sechzehnte
το ταχυδρομείο	*to tachidhromío*	die Post
η τράπεζα	*i trápesa*	die Bank
στέλνω *(I)*	*ßtélno*	schicken
στείλω *(II)*	*ßtílo*	
έστειλα	*éßtila*	*(Aorist)*
το γράμμα, -ατα	*to ghráma, -ata*	der Brief
το γραμματόσημο, -α	*to ghramatóßimo, -a*	die Briefmarke
χρειάζομαι *(I)*	*chriásome*	brauchen, benötigen
χρειαστώ *(II)*	*chriaßtó*	
χρειάστηκα	*chriáßtika*	*(Aorist)*
των 100 δρχ.	*ton 100 (ekató) dhrachmón*	zu 100 Dr
των 80 δρχ.	*ton 80 (oghdhónda) dhrachmón*	zu 80 Dr
το γραμματοκιβώτιο, -ια	*to ghramatokiwótio, -ia*	der Briefkasten
η έξοδος, -οι	*i éxodhoß, -i*	der Ausgang
ο δρόμος, -οι	*o dhrómoß, -i*	der Weg/die Straße
θα πάτε *(Futur)*	*tha páte*	Sie werden/ihr werdet gehen (*hier:* gehen Sie)
ευθεία	*efthía*	geradeaus
το φανάρι, -ια	*to fanári, -ia*	die Ampel
πρώτος, -η, -ο	*prótoß, -i, -o*	erste
καταλαβαίνω *(I)*	*katalawéno*	verstehen
καταλάβω *(II)*	*kataláwo*	

κατάλαβα	*katálawa*	*(Aorist)*
σιγά-σιγά	*ßighá-ßighá*	langsam–langsam
η οδός, -οί	*i odhóß, -í*	die Straße
μπαίνω *(I)*	*béno*	eintreten
μπώ *(II)*	*bo*	
μπήκα	*bíka*	*(Aorist)*
το ταμείο, -α	*to tamío, -a*	die Kasse
γράφει	*ghráfi*	*hier:* es steht
το συννάλαγμα	*to ßinálaghma*	die Devise
αλλάζω *(I)*	*aláso*	wechseln
αλλάξω *(II)*	*aláxo*	
άλλαξα	*álaxa*	*(Aorist)*
μετρητά	*metritá*	bar
βλέπω *(I)*	*wlépo*	sehen
δω *(II)*	*dho*	
είδα	*ídha*	*(Aorist)*
το διαβατήριο, -ια	*to dhiawatírio, -ia*	der Paß
εξετάζω *(I)*	*exetáso*	überprüfen
εξετάσω *(II)*	*exetáßo*	
εξέτασα	*exétaßa*	*(Aorist)*
το μάρκο, -α	*to márko, -a*	die DM
το σελίνι, -ια	*to ßelíni, -ia*	der öS
Αυστρίας	*Awßtríaß*	
το ελβετίκο	*to elwetikó*	der SF
φράγκο	*frángo*	
η λίρα	*i líra*	das Pfund(Sterling)

Redewendungen

Μετά ευθεία; *(metá efthía)* Danach geradeaus?
Το καταλάβατε; *(to kataláwate)* Haben Sie es verstanden?
Θέλω να αλλάξω σε δραχμές. *(thélo na aláxo ße dhrachméß)* Ich möchte in Drachmen umtauschen.

Die Benennung der Straßen:

Auf den Straßenschildern sehen Sie die alte Bezeichnung für Straße: οδός *(odhóß)*
Sonst wird für den Begriff »Straße« das Wort δρόμος *(dhrómoß)* benutzt.

III. Übersetzung

(Angestellter: *A.;* Herr: *H.*)

Auf dem Postamt

Marianne möchte Postkarten und Briefe nach Deutschland schicken. Heute geht sie zur Post.

M.: Guten Tag! Ich möchte 12 Postkarten und 15 Briefe nach Deutschland schicken. Was für Briefmarken benötige ich? – *A.:* Für die Briefe benötigen Sie 15 Briefmarken zu 100 Dr und für die Postkarten 12 Briefmarken zu 80 Dr. Bitte sehr! – *M.:* Danke. Wieviel kostet alles zusammen? – *A.:* Wir haben 15 Briefmarken à 100 Dr, das macht 1500 Dr, 12 Briefmarken à 80 Dr, das macht 960 Dr. Alles zusammen macht 2460 Dr. – *M.:* Bitte sehr, 3000 Dr. Wo ist der Briefkasten? – *A.:* Er ist am Ausgang rechts.

Auf der Straße fragt Marianne, wo eine Bank ist.
M.: Verzeihung, wissen Sie, wo hier in der Nähe eine Bank ist? – *H.:* Ja, Sie (werden) gehen hier nach rechts, danach geradeaus. An der Ampel gehen Sie nach links und in die erste Straße nach rechts. Dort ist eine Bank. Haben Sie es verstanden? – *M.:* Nein, nicht gut. Ich spreche nicht so gut griechisch. Langsam – langsam, bitte. – *H.:* Sie sprechen sehr gut griechisch. – *M.:* Ich werde hier nach rechts und danach geradeaus bis zur Ampel gehen. Und danach? – *H.:* An der Ampel werden Sie nach links in die Korinthou-Straße gehen. In der ersten Straße rechts ist eine Bank. – *M.:* Jawohl. Vielen Dank.

Auf der Bank

Marianne geht in die Bank (hinein). Sie geht zur Kasse. Dort steht geschrieben »Devisen«.
M.: Kann ich DM in Dr umtauschen? – *A.:* Gern. – *M.:* Wie ist der Kurs heute? – *A.:* Heute kostet die DM 154 Dr. – *M.:* Gut, ich möchte 300 DM bar umtauschen und ich möchte einen Scheck über 200 DM umtauschen (einlösen). – *A.:* In Ordnung. Kann ich Ihren Paß und Ihre Scheck-Karte haben (sehen)? – *M.:* Bitte sehr!
Der Angestellte überprüft den Scheck, das Geld und die Nummer der Scheck-Karte.
A.: In Ordnung! Bitte sehr das Geld! – *M.:* Danke, Adieu.

IV. Grammatik

Die Ordnungszahlen

1. πρώτος, -η, -ο *(prótoß, -i, -o)*
2. δεύτερος, -η, -ο *(dhéfteroß, -i, -o)*
3. τρίτος, -η, -ο *(trítoß, -i, -o)*
4. τέταρτος, -η, -ο *(tétartoß, -i, -o)*
5. πέμπτος, -η, -ο *(pémbtoß, -i, -o)*

Die weiteren Ordnungszahlen entnehmen Sie bitte den Lektionsüberschriften.

Die Richtungsadverbien

Gerade diese Adverbien helfen dem Touristen, sich in Griechenland zurechtzufinden. Merken Sie sich die Adverbien gut.

Adverb:

δεξιά	*(dhexiá)*	rechts
αριστερά	*(arißtera)*	links
ευθεία	*(efthía)*	geradeaus

Adjektiv:

δεξιός, -ά, -ό,	αριστερός, -ή, -ό,	ευθείος, -α, -ο
(dhexióß, -á, -ó)	*(arißteróß, -í, -ó)*	*(efthíoß, -a, -o)*

Der Genitiv Plural

Alle Substantive, unabhängig vom Geschlecht, bilden den Genitiv Plural auf **-ων** *(-on)*.
Ebenfalls bleibt die Form des bestimmten Artikels im Genitiv Plural **των** *(ton)* immer unverändert.
Tritt der bestimmte Artikel **των** vor Preisangaben auf, dann übernimmt er die Rolle der deutschen Präposition »zu«.
Selbstverständlich müssen auch alle weiteren Angaben, wie z. B. die Währung δραχμές, in den Genitiv Plural gesetzt werden.

Beispiele:
5 γραμματόσημα των 100 δραχμών *(5 ghramatóßima ton ekató dhrachmón)*
5 κάρτες των 200 δραχμών *(5 kárteß ton dhiakóßion dhrachmón)*
2 κάρτες των 500 δραχμών *(2 kárteß ton pendakóßion dhrachmón)*

Merken Sie sich:

Μπορώ να αλλάξω λίγα μάρκα σε δραχμές;	Kann ich (etwas) DM in Drachmen umtauschen?

boró na aláxo lígha márka ße dhrachméß

Das Verb **αλλάζω** *(aláso)* heißt »wechseln, tauschen, umtauschen«. Hier heißt es »umtauschen«.

Weitere Verbformen in der να-Konstruktion

Hier nochmals ein Überblick über die in der Lektion vorkommenden Verben und deren Bildung im Zusammenhang mit der **να**-Konstruktion.

Präsens Stamm I		Aorist	Konjunktiv Stamm II	Futur
βλέπω	sehen	**είδα**	**να δώ**	**θα δώ**
wlépo		*ídha*	*na dho*	*tha dho*
στέλνω	schicken	**έστειλα**	**να στείλω**	**θα στείλω**
ßtélno		*éßtila*	*na ßtílo*	*tha ßtílo*
αλλάζω	wechseln	**άλλαξα**	**να αλλάξω**	**θα αλλάξω**
aláso		*álaxa*	*na aláxo*	*tha aláxo*

Ein Brief nach Deutschland kostet zur Zeit 100 Dr und eine Postkarte 80 Dr.
Beim Geldwechsel auf der Bank benötigen Sie keine besonderen Formulare, lediglich Ihren Paß. Nach dem Umtausch bekommen Sie eine Quittung, die Sie aufbewahren sollten, falls Sie eine sehr große Summe umgetauscht haben. Es könnte bei der Abreise vom Zollamt ein Beleg verlangt werden.

V. Übungen

1. Beschreiben Sie den Weg zur Bank und zur Post.

zur Bank: zur Post:

● = Ausgangspunkt; **x** = Ziel

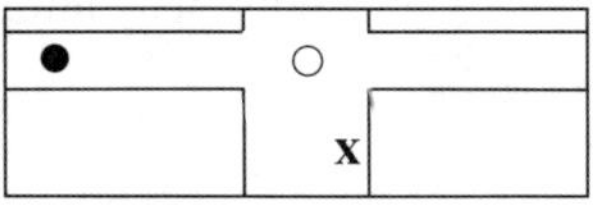

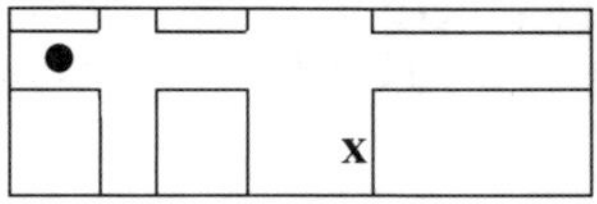

a) Εδώ θα πάτε ....
edhó tha páte ...
στο φανάρι .... και
ßto fanári ... ke
στην οδό Κορίνθου ....
ßtin odhó Korínthu ...
Εκεί είναι η τράπεζα.
ekí íne i trápesa

b) Εδώ θα πάτε .... και
edhó tha páte ... ke
αμέσως στο δεύτερο δρόμο
améßoß ßto déftero dhrómo
.... Εκεί θα πάτε ευθεία
... ekí tha páte efthía
και αριστερά είναι το
ke arißterá íne to
ταχυδρομείο.
tachidhromío

2. Vervollständigen Sie bitte den folgenden Dialog:

M.: Θέλω να .... 5 κάρτες και 5 γράμματα στη ...
thélo na ... pénde kárteß ke pénde ghrámata ßti ...
(schicken/Deutschland) Τι .... (Briefmarken/benötigen)

Y.: .... 5 γραμματόσημα των 80 δρχ. και 5
... pénde ghramatóßima to~~n~~ o~~ch~~dhónda dhra~~ch~~món ke pénde
γραμματόσημα των .... (benötigen/100 Dr)
ghramatóßima ton ...

M.: Ευχαριστώ. Πόσο ....; (kosten)
ef~~ch~~arißtó póßo ...

Y.: Κάνουν .... (900 Dr)
kánun ...

M.: .... Πού είναι το ....; (bitte sehr/Briefkasten)
... pu íne to ...

Y.: Στην .... δεξιά (Ausgang)
ßtin ... dhexiá

3. Vervollständigen Sie den folgenden Dialog »Auf der Bank«.

M.: Μπορώ να .... μάρκα σε δραχμές; (tauschen)
boró na ... márka ße dhrachméß.

Y.: Βεβαίως. *(wewéoß)*

M.: Θέλω .... 300 μάρκα σε .... (tauschen/bar)
thélo ... triakóßia márka ße ...

Y.: Εντάξει! Μπορώ να δώ το ....; (Ihren Paß)
endáxi boró na dho to ...

M.: Ορίστε. *(oríßte)*

Y.: Ορίστε, ...! (das Geld)

4. Übersetzen Sie folgende Sätze.

a) Verzeihung, wissen Sie, wo es hier in der Nähe eine Bank gibt?
b) Ich möchte 12 Postkarten nach Deutschland schicken.
c) Kann ich DM in Drachmen umtauschen?
d) Kann ich Ihren Paß sehen?
e) Ich möchte 3 Briefmarken zu 100 Drachmen.

5. Kreuzworträtsel:

① Drachme
② Bank
③ sechzig
④ Adieu
⑤ links

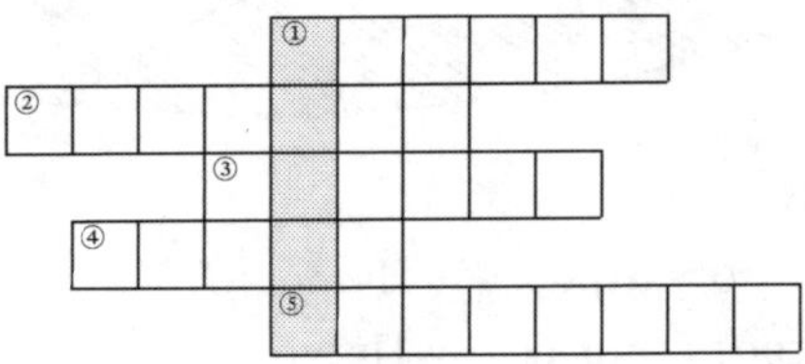

Μάθημα δέκατο έβδομο *máthima dhékato éwdhomo*

Στο γιατρό *(ßto jatró)*
Beim Arzt

I. Text

(Arzt = ο γιατρός: *Γ.*; Πέτρος: *Π.*)

Ο γιατρός εξετάζει τον Πέτρο.
o jatróß exetási ton Pétro

Γ.: Τι έχετε;
ti échete

Π.: Γιατρέ, δεν είμαι καλά. Με πονάει η κοιλιά μου, έχω
jatré, dhen íme kalá me ponái i kiliá mu, écho
ζαλάδες και πονοκέφαλο. Νοιώθω πολύ άσχημα.
saládheß ke ponokéfalo niótho polí áßchima

Γ.: Έχετε πυρετό;
échete piretó

Π.: Ναι, έχω 38,4°.
ne, écho 38,4° (triánda ochtó ke téßera)

Γ.: Ανοίξτε το πουκάμισό σας. Γυρίστε πίσω και μπροστά.
aníxte to pukámißó‿ßaß jiríßte píßo ke broßtá
Αναπνεύστε βαθιά και εκπνεύστε. Οι πνεύμονες είναι
anapnéfßte wathiá ke ekpnéfßte i pnéwmoneß íne
ελεύθεροι.
eléftheri
Η πίεσή σας είναι κανονική.
i pießí‿ßaß íne kanonikí
Καθήστε! Δώστε μου το χέρι σας.
kathíßte dhóßte mu to chéri ßaß
Ο σφυγμός σας είναι εντάξει.
o ßfighmóß ßaß íne endáxi
Έχετε διάρροια;
échete dhiária

Π.: Όχι.
óchi

Γ.: Μήπως ήπιατε χτες πολλή ρετσίνα;
mípoß ípiate ~~ch~~teß polí retßína

Π.: Ναι, λίγο. Το ελληνικό κρασί είναι τόσο ωραίο!
ne, lígho to elinikó kraßí íne tóßo oréo
Και μου αρέσει τόσο πολύ η ρετσίνα.
ke mu aréßi tóßo polí i retßína

Γ.: Ναι, αλλά δεν πίνεται με άδειο το στομάχι.
ne, alá dhen pínete me ádhio to stomáchi
Πρέπει να τρώτε και κάτι μαζί.
prépi na tróte ke káti masí
Γι' αυτό τώρα αισθάνεστε άσχημα.
ji‿aftó tóra eßtháneßte áßchima

Π.: Τι πρέπει να κάνω γιατρέ;
ti prépi na káno jatré

Γ.: Να μείνετε στο κρεβάτι λίγο, ησυχία χρειάζεστε και
na mínete ßto krewáti lígho, ißichía ~~ch~~riáseßte ke
να μην μείνετε στον ήλιο.
na min mínete ßton ílio
Αύριο θα είστε καλύτερα.
áwrio tha íßte kalítera
Περαστικά!!
peraßtiká

II. Wortschatz

δέκατο έβδομο	*dhékato éwdhomo*	siebzehnte
ο γιατρός; -οί	*o jatróß, -í*	der Arzt
εξετάζω *(I)*	*exetáso*	untersuchen
εξετάσω *(II)*	*exetáßo*	
εξέτασα	*exétaßa*	*(Aorist)*
με πονάει	*me ponái*	es tut mir weh
η κοιλιά, -ές	*i kiliá, -éß*	der Bauch
η ζαλάδα, -ες	*i saládha, -eß*	Schwindel(gefühl)
ο πονοκέφαλος	*o ponokéfaloß*	die Kopfschmerzen
νοιώθω *(I)*	*niótho*	fühlen
νοιώσω *(II)*	*nióßo*	
ένοιωσα	*énioßa*	*(Aorist)*
άσχημα	*áßchima*	schlecht
ο πυρετός, -οί	*o piretóß, -í*	das Fieber
38,4° (τριάντα οχτώ και τέσσερα)	*38,4° (triánda ochtó ke téßera)*	38,4 °C
ανοίξτε	*aníxte*	öffnen Sie
το πουκάμισο	*to pukámißo*	das Hemd
γυρίστε	*jirißte*	drehen Sie sich um
πίσω	*píßo*	hinten
μπροστά	*broßtá*	vorn
αναπνεύω	*anapnéwo*	einatmen
βαθιά	*wathiá*	tief
εκπνεύω	*ekpnéwo*	ausatmen
ο πνεύμονας, -ες	*o pnéwmonaß, -eß*	die Lunge
ελεύθερος, -η, -ο	*eléftheroß, -i, -o*	frei
η πίεση	*i píeßi*	der Blutdruck
κανονικός, -ή, -ό	*kanonikóß, -í, -ó*	normal
δώστε μου	*dhóßte mu*	geben Sie mir
το χέρι, -ια	*to chéri, -ia*	die Hand
ο σφυγμός	*o ßfighmóß*	der Puls
η διάρροια	*i dhiária*	der Durchfall
μήπως	*mípoß*	vielleicht *(in Fragesätzen)*
το κρασί, -ιά	*to kraßí, -iá*	der Wein
πίνεται	*pínete*	kann getrunken werden

άδειος, -α, -ο	*ádhioß, -a, -o*	leer
το στομάχι, -ια	*to ßtomáchi, -ia*	der Magen
αισθάνομαι *(I)*	*eßthánome*	fühlen
αισανθώ *(II)*	*eßanthó*	
αισάνθηκα	*eßánthika*	*(Aorist)*
η ησυχία, -ες	*i ißichía, -eß*	die Ruhe
καλύτερα	*kalítera*	besser
μένω *(I)*	*méno*	bleiben, wohnen
μείνω *(II)*	*míno*	
έμεινα	*émina*	*(Aorist)*
περαστικά	*peraßtiká*	gute Besserung

Redewendungen

Περαστικά. *(peraßtiká)* Gute Besserung!
Νοιώθω άσχημα. *(niótho áßchima)* Ich fühle mich sehr schlecht.
Δεν είμαι καλά. *(dhen íme kalá)* Mir geht es nicht gut.
Έχω ζαλάδες. *(écho saládheß)* Mir ist schwindlig. (*wörtl.:* ich habe Schwindelgefühle.)

III. Übersetzung

(Arzt: *A.*)
Der Arzt untersucht Peter.

A.: Was haben Sie? – *P.:* Ich fühle mich nicht gut. (Ich bin nicht gut.) Mein Bauch tut mir weh, es ist mir schwindlig, und ich habe Kopfschmerzen. Ich fühle mich sehr schlecht. – *A.:* Haben Sie Fieber? – *P.:* Ja, ich habe 38,4°. – *A.:* Öffnen Sie Ihr Hemd. Drehen Sie sich nach hinten und dann nach vorn. Atmen Sie tief ein, und atmen Sie aus! Ihre Lunge ist »frei«. In Ordnung. Ihr Blutdruck ist normal. Setzen Sie sich! Geben Sie mir Ihre Hand. Ihr Puls ist in Ordnung. Haben Sie Durchfall? – *P.:* Nein. – *A.:* Vielleicht tranken Sie gestern viel Retsina? – *P.:* Ja, etwas. Der griechische Wein ist so gut! Und mir schmeckt Retsina (besonders) so gut. – *A.:* Ja, aber man trinkt ihn nicht auf leeren Magen. Sie müssen etwas dazu essen. Deswegen fühlen Sie sich jetzt schlecht. – *P.:* Was muß ich tun, Herr Doktor? – *A.:* Bleiben Sie kurz (für eine Weile) im Bett, Sie benötigen Ruhe, und gehen Sie nicht in die Sonne. Morgen werden Sie wieder in Ordnung sein. Gute Besserung!

IV. Grammatik

Der Imperativ (Die Befehlsform)

Der Imperativ drückt eine Aufforderung, einen starken Wunsch oder einen Befehl aus.
In der 10. und 13. Lektion wurde die **να**-Konstruktion eingeführt, die dem deutschen Infinitiv-Satz entspricht.
Der Imperativ kennt nur zwei Personen: **2. Person Singular** und **2. Person Plural.** Die 2. Person Singular hat die Endung **-ε** und die 2. Person Plural hat die Endung **-(ε)τε,** wobei der erste Vokal **-ε** häufig wegfällt.

	Präsens	**Stamm II**	**Imperativ** 2. Pers. Sg.	**Imperativ** 2. Pers. Pl.
öffnen	**ανοίγω** *anígho*	**άνοιξω** *aníxo*	**άνοιξε** *ánixe*	**ανοίξτε** *aníxte*
einatmen	**αναπνεύω** *anapnéwo*	**αναπνεύσω** *anapnéfßo*	**ανάπνευσε** *anápnefße*	**αναπνεύστε** *anapnéfßte*
ausatmen	**εκπνεύω** *ekpnéwo*	**εκπνεύσω** *ekpnéfßo*	**έκπνευσε** *ékpnefße*	**εκπνεύστε** *ekpnéfßte*
nehmen	**παίρνω** *pérno*	**πάρω** *páro*	**πάρε** *páre*	**πάρτε** *párte*
umdrehen	**γυρίζω** *jiríso*	**γυρίσω** *jirißo*	**γύρισε** *jiriße*	**γυρίστε** *jirißte*
sitzen, sich setzen	**κάθομαι** *káthome*	**καθήσω** *kathißo*	**κάτσε** *kátße*	**καθήστε** *kathißte*

Der Imperativ kann auch mit der **να**-Kontruktion ausgedrückt werden (Stamm II + Personalendungen des Präsens).
Grammatisch gesehen ist es ein Konjunktiv, der im Deutschen mit dem Imperativ wiedergegeben wird.
Stellt man die Partikel **να** voran, so wird der auffordernde Charakter abgeschwächt.

να ανοίξετε	*(na aníxete)*	öffnen Sie
να αναπνεύσετε	*(na anapnéfßete)*	atmen Sie ein
να πάρετε	*(na párete)*	nehmen Sie

να γυρίσετε	*(na jirißete)*	drehen Sie sich
να καθήσετε	*(na kathißete)*	setzen Sie sich

Die schwache Form des Personalpronomens im Akkusativ

Anders als im Deutschen steht im Griechischen das Personalpronomen (die schwache Form) **vor** dem Verb. Das Personalpronomen bildet zusammen mit dem Verb eine klangliche Einheit (vgl. 14. Lektion).

Hier ist das Pronomen im Akkusativ (Objektfunktion):

με	*(me)*	mich	μας	*(maß)*	uns
σε	*(ße)*	dich	σας	*(ßaß)*	Euch, Sie
τον	*(ton)*	ihn	τους	*(tuß)*	sie *(m.)*
την	*(tin)*	sie	τις	*(tiß)*	sie *(f.)*
το	*(to)*	es	τα	*(ta)*	sie *(n.)*

Beispiele:

με πονάει *(me ponái)* es tut mir weh
θα σας γράψω *(tha ßaß ghrápßo)* ich werde Ihnen schreiben
με λένε *(me léne)* ich heiße (*wörtl.:* sie nennen mich)
πως σε λένε; *(poß ße léne)* wie heißt du?

Dagegen stehen im Imperativ die Personalpronomen nach dem Verb.
δώστε μου *(dhóßte mu)* geben Sie mir

Das Verb »schmerzen« **πονάω** wird im Griechischen unpersönlich gebraucht.

με πονάει *(me ponái)* es tut mir weh; es schmerzt mich
πού πονάτε; *(pu ponáte)* wo tut es Ihnen weh?

Die Verben **νοιώθω** *(niótho)* und **αισθάνομαι** *(eßthánome)*

Beide haben die Bedeutung »fühlen«. Der einzige Unterschied zwischen den beiden liegt darin, daß **νοιώθω** der 1. Konjugation angehört, und **αισθάνομαι** wie das Verb **έρχομαι** (vgl. 8. Lektion) konjugiert wird.

Bei den Ärzten in Griechenland bezahlt man die Behandlungsgebühr direkt nach der Behandlung. Sie bekommen eine Quittung, die Sie bei Ihrer Krankenkasse in Deutschland einreichen können.
Das gleiche gilt auch für Medikamente.
Die meisten griechischen Ärzte nehmen keine ausländischen Krankenscheine an.

Um Durchfall zu vermeiden, verzichten Sie möglichst auf Eiswürfel in Getränken, auf ungewaschenes Obst usw.

Wichtige Telefonnummern:

166 Erste Hilfe
107 diensthabende Apotheken

Körperteile

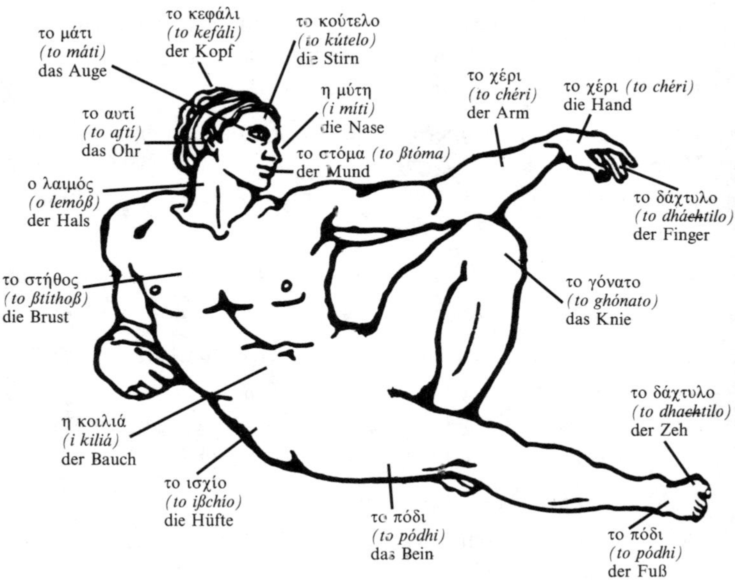

V. Übungen

1. Setzen Sie bitte die fehlenden Personalpronomen ein.

a) .... πονάει η κοιλά μου. (mir)
... ponái i kiliá mu

b) Η ρετσίνα .... αρέσει πολύ. (uns)
i retßína ... aréßi polí

c) .... λένε Πέτρο. (ich/mich)
... léne Pétro

d) Δώστε .... το χέρι σας. (mir)
dhóßte ... to chéri ßaß

e) Πως .... λένε; (du/dich)
poß ... léne

2. Übersetzen Sie.

a) Ich fühle mich schlecht
b) Gute Besserung.
c) Ich habe Kopfschmerzen.
d) Mich schmerzt der Bauch.
e) Haben Sie Durchfall?
f) Der griechische Wein ist so gut!
g) Fühlen Sie sich schlecht?
h) Was muß ich tun, Herr Doktor?

3. Setzen Sie folgende Verben in den Imperativ.

a) .... (Setzen Sie sich!)
b) .... το πουκάμισό σας! (öffnen Sie ...)
... pukámißó‿ßaß
c) .... μου το χέρι σας! (geben Sie mir ...)
to chéri ßaß
d) .... βαθιά. (atmen Sie ein ...)
... wathiá
e) .... (atmen Sie aus)
f) .... πίσω και μπροστά. (drehen Sie sich um)
... píßo ke broßtá

4. Sagen Sie, wo Sie Schmerzen haben.

a) Magen **d)** Bauch
b Kopf **e)** Fuß
c) Ohr **f)** Hals

Μάθημα δέκατο όγδοο *máthima dhékato óghdhoo*

Νοικιάζουμε ένα αυτοκίνητο
(nikiásume éna aftokínito)

Wir mieten ein Auto

I. Text

(Υπάλληλος: *Υ.*; Πέτρος: *Π.*)

Π.: Θέλουμε να νοικιάσουμε ένα αυτοκίνητο.
thélume na nikiáßume éna aftokínito

Υ.: Τι αυτοκίνητο θέλετε?
ti aftokínito thélete

Π.: Θέλουμε ένα μικρό, για δύο άτομα.
thélume éna mikró, ja dhío átoma
Πόσο κοστίζει την ημέρα;
póßo koßtísi tin iméra

Υ.: Μικρά αυτοκίνητα έχουμε Fiat ή Toyota.
mikrá aftokínita échume Fiat í Tojóta
Κοστίζουν 8000 δρχ. την ημέρα και πρέπει να
koßtísun 8000 (ochtó chiliádheß) dhrachméß tin iméra ke prépi na
γεμίσετε το ντεπόζιτο.
jemíßete to depósito

Π.: 8000 δρχ. την ημέρα; Είναι πολύ ακριβά, δεν
8000 (ochtó chiliádheß) dhrachméß tin iméra íne polí akriwá, dhen
έχετε πιο φτηνά;
échete pjo ftiná

Υ.: Όχι, δυστυχώς αυτά είναι τα πιο φτηνά.
óchi, dhißtichóß aftá íne ta pjo ftiná
Τα αυτοκίνητα ήταν πάντα ακριβά στην Ελλάδα.
ta aftokínita ítan pánda akriwá ßtin Eládha

Π.: Τι γίνεται σε περίπτωση ατυχήματος;
ti jínete ße períptoßi atichímatoß

Υ.: Το αυτοκίνητο είναι ασφαλισμένο.
to aftokínito íne aßfalisméno
Όλα τα έξοδα τα αναλαμβάνουμε εμείς.
óla ta éxodha ta analamwánume emíß

Π.: Μπορούμε να παραδώσουμε το αυτοκίνητο στην
borúme na paradhóßume to aftokínito ßtin
Αθήνα; Ίσως να πάμε στο Δαφνή.
Athína íßoß na páme ßto Dhafní

Υ.: Ναι, στον εκπρόσωπό μας. Μία στιγμή, εδώ είναι η
ne, ßton ekpróßopó‿maß mía ßtighmí edhó íne i
διεύθυνσή του.
dhiéfthinßí‿tu

Π.: Ωραία! Τι χαρτιά χρειάζεστε;
oréa ti chartiá chriáseßte

Υ.: Χρειάζομαι το δίπλωμα οδηγήσεως και το διαβατή-
chriásome to dhíploma odhijíßeoß ke to dhiawatí-
ριό σας.
rió‿ßaß

Π.: Ευτυχώς τα έχω μαζί μου.
eftichóß ta écho masí mu

Υ.: Εντάξει! Το αυτοκίνητο είναι στη διάθεσή σας.
endáxi to aftokínito íne ßti dhiátheßí‿ßaß
Ορίστε τα κλειδιά σας!
oríßte ta klidhiá‿ßaß

II. Wortschatz

δέκατο ογδόο	*dhékato óchdhoo*	achtzehnte
noikiázw *(I)*	*nikiáso*	mieten
νοικιάσω *(II)*	*nikiáßo*	

νοίκιασα	*níkiaßa*	*(Aorist)*
το αυτοκίνητο, -α	*to aftokínito, -a*	das Auto
το άτομο, -α	*to átomo, -a*	die Person
γεμίζω *(I)*	*jemíso*	füllen
γεμίσω *(II)*	*jemíßo*	
γέμισα	*jémißa*	*(Aorist)*
το ντεπόζιτο, -α	*to depósito, -a*	der Tank
φτηνός, -ή, -ό	*ftinóß, -í, -ó*	billig
δυστχώς	*dhißtichóß*	leider
γίνομαι	*jínome*	werden
γίνεται	*jínete*	es geschieht
η περίπτωση, -εις	*i períptoßi, -iß*	der Fall
το ατύχημα, -ματα	*to atíchima, -mata*	der Unfall
ασφαλισμένος, -η, -ο	*aßfalisménos, -i, -o*	versichert
τα έξοδα	*ta éxodha*	die Ausgaben
αναλαμβάνω *(I)*	*analamwáno*	übernehmen
αναλάβω *(II)*	*analáwo*	
ανέλαβα	*anélawa*	*(Aorist)*
παραδίνω *(I)*	*paradhíno*	zurückgeben
παραδώσω *(II)*	*paradhóßo*	
παρέδωσα	*parédhoßa*	*(Aorist)*
ο εκπρόσωπος, -οι	*o ekpróßopoß, -i*	der Vertreter
η διεύθυνση, -εις	*i dhiéfthinßi, -iß*	die Adresse
τα χαρτιά	*ta chartiá*	die Papiere
το δίπλωμα οδηγήσεως	*to dhíploma odhijíßeoß*	der Führerschein
ευτυχώς	*eftichóß*	zum Glück
η διάθεση	*i dhiátheßi*	die Verfügung
το Δαφνί	*to Dhafní*	Dafni *(Ort mit berühmter byzantinischer Klosterkirche in der Nähe Athens)*

Redewendungen

Το αυτοκίνητο είναι στη διάθεσή σας. *to aftokínito íne ßti dhiátheßi‿ßaß*	Das Auto ist (steht) zu Ihrer Verfügung.

Τι γίνεται σε περίπτωση ατυχήματος; *ti jinete ße periptoßi atichimatoß*	Was geschieht im Fall eines Unfalls?

III. Übersetzung

(Angestellter: *A.*)

P.: Wir möchten ein Auto mieten. – *A.:* Was für ein Auto möchten Sie? – *P.:* Wir möchten ein kleines für zwei Personen. Wieviel kostet es am Tag? – *A.:* An kleinen Autos haben wir Fiat oder Toyota. Sie kosten 8000 Dr pro Tag, und Sie müssen vor Rückgabe den Tank füllen. – *P.:* 8000 Dr am Tag? Das ist (»ganz«) sehr teuer, haben Sie billigere? – *A.:* Nein, leider sind diese die billigsten. Die Autos waren immer teuer in Griechenland. – *P.:* Was geschieht im Fall eines Unfalls? – *A.:* Das Auto ist versichert. Alle Ausgaben übernehmen wir. – *P.:* Können wir das Auto in Athen abgeben? Wir möchten eventuell nach Dafni* fahren. – *A.:* Ja, bei unserem dortigen Vertreter. Einen Augenblick: Hier seine Anschrift. – *P.:* Schön! Was für Papiere/Dokumente benötigen Sie? – *A.:* Ich benötige/brauche Ihren Führerschein und Ihren Paß. – *P.:* Zum Glück habe ich sie bei mir. – *A.:* In Ordnung! Das Auto steht Ihnen zur Verfügung. Bitte, Ihre Schlüssel!

---

* »Dafni« ist ein Ort etwa 60 km von Athen entfernt. Er liegt auf der Strecke Ägina – Athen. Dafni ist für sein Weinfest sehr bekannt. Wenn die Weine im September gelesen werden, kann man sehr süffige neue Weine probieren.

IV. Grammatik

Die Bildung des Passivs

In der Regel kann aus jedem aktiven Verb auch das entsprechende passive gebildet werden.

Dies geschieht durch das Anfügen der Personalendungen des Passivs.

Zur Konjugation vgl. 8. Lektion (έρχομαι).

Die Personalendungen des Präsens Passiv für Verben der 1. Konjugation (stammbetont) lauten:

-ομαι, -εσαι, -εται, -ομαστε, -εστε, -ονται
-ome, -eße, -ete, -omaßte, -eßte, -onde

(vgl. Aktiv): **-ω, -εις, -ει, -ουμε, -ετε, -ουν**
-o, -iß, -i, -ume, -ete, -un

Die Passivendungen werden an den Stamm I zum Ausdruck einer **wiederholten** bzw. **gewohnheitsmäßigen** Handlung angehängt.

Aus der 7. Lektion ist Ihnen bereits das Verb **επιτρέπεται** *(epitrépete)* »man darf« bekannt.
Dieses Modalverb wird nur unpersönlich verwendet, und zwar mit der Personalendung der 3. Person Singular Passiv (vgl. im Deutschen: »man darf = es wird/ist erlaubt«).
Bei dem Verb **γινόμαι** *(jínome)* »werden« wird ebenfalls die 3. Person Singular Passiv mit der Bedeutung **γίνεται** *(jínete)* »es geschieht« gebraucht.

Passive Verbendungen mit aktiver Bedeutung

Im Griechischen gibt es eine Reihe von Verben, die die Personalendungen des Passivs tragen, obwohl sie eine aktive Handlung beschreiben.

Hierzu gehören die Verben:

brauchen	χρειάζομαι	*(chriásome)*	
sitzen	κάθομαι	*(káthome)*	(vgl. 11. Lektion)
werden	γίνομαι	*(jínome)*	
kommen	έρχομαι	*(érchome)*	(vgl. 8. Lektion)
sich fühlen	αισθάνομαι	*(eßthánome)*	

Die Vergangenheit des Verbs είμαι »sein«

Die Vergangenheitsformen des Verbs »sein« lauten:

ήμουν	*(ímun)*	ich war	**ήμασταν**	*(ímaßtan)*	wir waren
ήσουν	*(ißun)*	du warst	**ήσασταν**	*(ißaßtan)*	ihr wart/Sie waren
ήταν	*(ítan)*	er war	**ήταν**	*(ítan)*	sie waren

Die Steigerung des Adverbs

Bei den Adverbien erfolgt die Steigerung durch das Wort **πιο** *(pjo)* »mehr«, die Steigerung des höchsten Grades mit **πολύ** *(polí)* »viel«.

είναι πολύ ακριβά *(íne polí akriwá)* es ist sehr teuer

Hier ein Überblick über verschiedene »Fahrzeuge«, die Sie mieten können.

Τι θέλετε; *(ti thélete)* Was wünschen Sie?
Θέλουμε να νοικιάσουμε Wir möchten ... mieten
thélume na nikiáßume

- ένα ποδήλατο *(éna podhílato)* ein Fahrrad
- μία βάρκα *(mía wárka)* ein Boot
- ένα γάιδαρο *(éna gháidharo)* einen Esel
- ένα μικρό αυτοκίνητο *(éna mikró aftokínito)* einen Kleinwagen
- ένα μεγάλο αυτοκίνητο *(éna megálo aftokínito)* ein großes Auto
- ένα αυτοκίνητο *(éna aftokínito)* ein Auto
- μία μοτοσικλέτα *(mía motoßikléta)* ein Motorrad
- ένα λεωφορείο *(éna leoforío)* einen Bus

Die Innenstädte Griechenlands, vor allem Athens und Thessalonikis, lassen sich am besten zu Fuß erkunden, allerdings meist in einer gewaltigen Abgaswolke.
Für große Entfernungen empfiehlt sich daher ein Bus. Falls Sie das Land kennenlernen möchten, spricht einiges für kleine Rundreisen. Dann benötigen Sie ein Fahrzeug. Überall auf dem Land gibt es Auto- und Motorradvermietungen. Internationale Autovermietungen, wie *Avis, Herz, Europcar* sind vertreten. Es empfiehlt sich aber immer, Preisvergleiche anzustellen, da es große Preisunterschiede gibt. Auskunft erteilt: Griechische Zentrale für Fremdenverkehr in Athen

E.O.T.
Mitropoleos 6
Athen Tel.: 32 22 54 5

V. Übungen

1. Mieten Sie folgende Fahrzeuge und setzen Sie die richtige Verbform ein.

a) Θέλουμε να νοικιάσουμε .... (ein Auto)
thélume na nikiáßume

b) Θέλουμε να .... (ein großes Auto)
thélume na

c) Θέλω να .... (ein Fahrrad)
thélo na

d) Θέλεις να .... (ein Motorrad)
théliß na

e) Θέλετε να .... (ein Boot)
thélete na

f) Θέλουν να .... (einen Esel)
thélun na

g) Θέλει να .... (einen Bus)
théli na

2. Setzen Sie die richtige Form des Verbs »sein« ein.

a) Χτες .... στο ταχυδρομείο. (ich war)
chteß ... ßto tachidhromío

b) Τη Δευτέρα .... στην Αίγινα. (wir waren)
ti Dheftéra ... ßtin 'Ejina

c) Τα αυτοκίνητα ..... πάντα ακριβά στην Ελλάδα. (waren)
ta aftokínita ... pánda akriwá ßtin Eládha

d) Την Τρίτη .... στην Αγία Μαρίνα. (wir waren)
tin Tríti ... ßtin Ajía Marína

3. Bilden Sie die Steigerung folgender Adverbien:

a) Είναι *(íne)* .... (sehr teuer)
b) Είναι .... (sehr gut)
c) Είναι .... (besser)
d) Είναι .... (teurer)

4. Übersetzen Sie.

a) Wir möchten ein Auto mieten.
b) Ich benötige Ihren Führerschein und Ihren Paß.
c) Bitte, Ihre Schlüssel.
d) Wieviel kostet es (das Auto) am Tag?
e) Wir möchten ein kleines Auto für zwei Personen.
f) Das Auto ist versichert.

Μάθημα δέκατο ένατο *máthima dhékato énato*

Στο συνεργείο/Στο βενδινάδικο
(ßto ßinerghío/ßto wendhinádhiko)

In der Werkstatt/An der Tankstelle

I. Text

(Πέτρος: *Π.*; Mechaniker = μηχανικός: *Μ.*; Tankwart = Βενδινάς: *Β.*; Angestellter des Griech. Automobilclubs = Υπάλληλος της ΕΛΠΑ: *Ε.*)

Π.: Το αυτοκίνητο είναι χαλασμένο.
to aftokínito íne ~~ch~~alasméno
Θα πάρω τηλέφωνο την ΕΛΠΑ.
tha páro tiléfono tin ELPA

Στον τηλεφωνικό θάλαμο.
ßton tilefonikó thálamo

Π.: Χαίρετε! Είμαστε στο δρόμο της Παλαιοχώρας.
chérete ímaßte ßto dhrómo tiß Paleo~~ch~~óraß
Το αυτοκίνητο είναι χαλασμένο. Η μηχανή δεν παίρνει μπρός.
to aftokínito íne ~~ch~~alasméno i mi~~ch~~aní dhen pérni bróß

Μπορείτε να μας ρυμουλκήσετε;
boríte na maß rimulkíßete

Ε.: Ναι, σε 15 λεπτά θα είμαστε εκεί.
ne, ße 15 (dhekapénde) leptá tha ímaßte ekí

Τι αυτοκίνητο είναι;
ti aftokínito íne

Π.: Είναι ένα Fiat.
íne éna Fiat

Μετά από λίγο ... Το αυτοκίνητο της ΕΛΠΑ έρχεται και
metá apó lígho ... to aftokínito tiß ELPA érchete ke
ρυμουλκεί το χαλασμένο αυτοκίνητο.
rimulkí to ~~ch~~alasméno aftokínito

Ε.: Πρέπει να πάμε στο συνεργείο.
prépi na páme ßto ßinerghío

Π.: Μήπως ξέρετε πού είναι ένα συνεργείο εδώ κοντά;
mípoß xérete pu íne éna ßinerghío edhó kondá

Ε.: Στον τρίτο δρόμο εδώ δεξιά. Ίσως να είναι ανοιχτό τώρα.
ßton tríto dhrómo edhó dhexiá íßoß na íne ani~~ch~~tó tóra

Στο συνεργείο
ßto ßinerghío

Π.: Έχω δυστυχώς μία βλάβη.
é~~ch~~o dhißti~~ch~~óß mía wláwi

Μ.: Τι έχει το αυτοκίνητο;
ti échi to aftokínito

Π.: Ξαφνικά. Δεν παίρνει μπρός.
xafniká dhen pérni bróß

Μ.: Ανοίξτε το καπώ. Βάλτε τη μηχανή μπρός.
aníxte to kapó wálte ti mi~~ch~~aní bróß

Η μίζα δεν είναι εντάξει. Δεν τραβάει τη βενζίνη.
i mísa dhen íne endáxi dhen trawái ti wensíni

Μπορούμε να το φτιάξουμε. Ίσως το φίλτρο να είναι χαλασμένο.
borúme na to ftiáxume íßoß to filtro na íne ~~ch~~alasméno

Π.: Θα αργήσετε πολύ;
tha arjíßete polí

M.: Αν έχουμε φίλτρο βενζίνης θα είμαστε σε 2–3 ώρες έτοιμοι.
an é~~ch~~ume fíltro wensíniß tha ímaßte ße 2–3 (dhío–triß) óreß étimi

Μετά 2 ώρες ....
metá dhío óreß

M.: Το αυτοκίνητο είναι έτοιμο.
to aftokínito íne étimo

Π.: Πόσο κάνει;
póßo káni

M.: Κάνει 5.000 δρχ.
káni 5000 (pénde chiliádheß) dhra~~ch~~méß

Π.: Ορίστε! Θέλω και μία απόδειξη.
oríßte thélo ke mía apódhixi

M.: Ορίστε.
oríßte

Στο βενζινάδικο
ßto wensinádhiko

B.: Τι βενζινη θέλετε; Σούπερ ή απλή;
ti wensíni thélete ßúper í aplí

Π.: Σούπερ, παρακαλώ. Γεμίστε το ντεπόζιτο.
ßúper, parakaló jemíßte to depósito

B.: Αμόλυβδη;
amóliwdhi

Π.: Ναι, φυσικά!
ne, fißiká
Τα λάστιχα δεν έχουν αρκετό αέρα.
ta láßti~~ch~~a dhen é~~ch~~un arketó aéra
Μπορείτε να κοιτάξετε και τα λάστιχα;
boríte na kitáxete ke ta láßti~~ch~~a

B.: Θα κοιτάξω.
tha kitáxo

Π.: Κοιτάξτε και τα λάδια.
kitáxte ke ta ládhia

B.: Είναι όλα εντάξει.
íne óla endáxi
Καλό ταξίδι.
kaló taxídhi

II. Wortschatz

δέκατο ένατο	*dhékato énato*	neunzehnte
το συνεργείο, -α	*to ßinerjío, -a*	die Werkstatt
ο μηχανικός, -οι	*o michanikóß, -í*	der Mechaniker
η ΕΛΠΑ	*i ELPA*	der Griech. Automobilclub
ο τηλεφωνικός θάλαμος	*o tilefonikóß thálamoß*	die Telefonzelle
ρυμουλκώ *(I)*	*rimulkó*	abschleppen
ρυμουλκήσω *(II)*	*rimulkíßo*	
ρυμούλκησα	*rimúlkißa*	*(Aorist)*
το λεπτό, -ά	*to leptó, -á*	die Minute
χαλασμένος, -η, -ο	*chalasménoß, -i, -o*	defekt
η βλάβη	*i wláwi*	die Panne
ισως	*íßoß*	vielleicht (in Aussagesätzen)
ανοιχτός, -ή, -ό	*anichtóß, -í, -ó*	geöffnet
παίρνω μπρός	*pérno bróß*	anspringen
ξαφνικά	*xafniká*	plötzlich
το καπώ	*to kapó*	die Motorhaube
βάζω μπρός	*wáso bróß*	anstellen
η μίζα	*i mísa*	der Anlasser
τραβάω *(I)*	*trawáo*	ziehen
τραβήξω *(II)*	*trawíxo*	
τράβηξα	*tráwixa*	*(Aorist)*
η βενζίνη, -ες	*i wensíni, -eß*	die Benzin(sorten)
φτιάχνω *(I)*	*ftiáchno*	reparieren
φτιάξω *(II)*	*ftiáxo*	
έφτιαξα	*éftiaxa*	*(Aorist)*
αργώ *(I)*	*arghó*	sich verspäten (*hier:* lange brauchen)
αργήσω *(II)*	*arjíßo*	
άργησα	*árjißa*	*(Aorist)*
το φίλτρο βενζίνης	*to filtro wensíniß*	der Benzinfilter
έτοιμος, -η, -ο	*étimoß, -i, -o*	fertig
η απόδειξη, -εις	*i apódhixi, -iß*	die Quittung
το βενζινάδικο, -α	*to wensinádhiko, -a*	die Tankstelle
ο βενδίνας	*o wendhínaß*	der Tankwart
σούπερ	*ßúper*	Super
απλός, -ή, -ό	*aplóß, -í, -ó*	einfach

αμόλυβδος, -η, -ο	*amóliwdhoß, -i, -o*	bleifrei
το λάστιχο, -α	*to láßtiɕho, -a*	der Reifen
ο αέρας	*o aéraß*	die Luft
κοιτάζω *(I)*	*kitáso*	nachschauen
κοιτάξω *(II)*	*kitáxo*	
κοίταξα	*kítaxa*	*(Aorist)*
το λάδι, -ια	*to ládhi, -ia*	das Öl

Redewendungen

Μπορούμε να το φτιάξουμε. *borúme na to ftiáxume*	Wir können das in Ordnung bringen. (Wir können das wieder beheben.)
Η μηχανή δεν παίρνει μπρός. *i miɕhaní dhen pérni bróß*	Der Motor springt nicht an.
Βάλτε τη μηχανή μπρός! *wálte ti miɕhaní bróß*	Stellen Sie den Motor an!

III. Übersetzung

(ELPA-Angestellter: *E.*; Mechaniker: *M.*; Tankwart: *T.*)

P.: Das Auto ist defekt. – Ich rufe beim ELPA an.

In der Telefonzelle

P.: Guten Tag! Wir sind auf der Straße nach Paleiochora. Das Auto ist defekt. Es springt nicht an. Können Sie uns abschleppen? – *E.:* Ja, in 15 Minuten werden wir dort sein. Was für ein Auto ist es? – *P.:* Es ist ein Fiat.

Nach einer Weile ... Der ELPA-Wagen kommt und schleppt das defekte Auto ab.

E.: Wir müssen in die Werkstatt fahren. – *P.:* Vielleicht wissen Sie, wo eine Werkstatt hier in der Nähe ist? – *E.:* In der dritten Straße rechts. Vielleicht ist sie jetzt geöffnet.

In der Werkstatt

P.: Ich habe leider eine Panne. – *M.:* Was hat das Auto? – *P.:* Ganz plötzlich! Der Motor springt nicht an. – *M.:* Öffnen Sie die Motorhaube. Stellen Sie den Motor an! Der Anlasser ist nicht in Ordnung. Er zieht das Benzin nicht an. Wir können das in Ordnung »bringen«/Wir können das wieder beheben. Vielleicht ist der Filter defekt. – *P.:* Werden Sie lange brauchen? – *M.:* Wenn wir einen Benzinfilter haben, werden wir in zwei bis drei Stunden fertig sein.

Nach zwei Stunden ...

M.: Das Auto ist fertig. – *P.:* Wieviel kostet es? – *M.:* Es kostet 5000 Dr. – *P.:* Bitte sehr. Ich möchte noch eine Quittung! – *M.:* Bitte schön!

An der Tankstelle

T.: Was für Benzin möchten Sie, Super oder einfach? – *P.:* Super, bitte. Füllen Sie den Tank. – *T.:* Bleifrei? – *P.:* Ja, natürlich. Die Reifen haben keine Luft. Können Sie nach den Reifen schauen? – *T.:* Ich werde nachschauen. – *P.:* Würden Sie auch nach dem Öl schauen? – *T.:* Alles ist in Ordnung. Gute Reise.

IV. Grammatik

Die Endung «-ικο»

Wenn die Endung **-ικο** an ein Substantiv angehängt wird, wird meist ein Geschäft bezeichnet.

βενζίνη	*(wensíni)*	Benzin
βενζινάδικο	*(wensinádhiko)*	Tankstelle
φωμί	*(pßomí)*	Brot
φωμάδικο	*(pßomádhiko)*	Brotladen
μανάβης	*(manáwiß)*	Gemüsehändler
μανάβικο	*(manáwiko)*	Gemüseladen
μπακάλης	*(bakáliß)*	Krämer
μπακάλικο	*(bakáliko)*	Lebensmittelgeschäft

«μήπως» *(mípoß)* «ίσως» *(ißoß)* »vielleicht«

μήπως wird nur bei Fragen gebraucht, z. B.:
Μήπως ξέρετε πού είναι ένα συνεργείο εδώ κοντά;
mípoß xérete pu íne éna ßinerghío edhó kondá
Wissen Sie vielleicht, wo eine Werkstatt hier in der Nähe ist?

ίσως wird nur bei Aussagen eingesetzt. Es wird zusammen mit der **να**-Konstruktion verwendet, z. B.:

Ίσως να είναι ανοιχτό τώρα. Vielleicht ist es jetzt geöffnet.
íßoß na íne anichtó tóra

Ναι, ίσως. *(ne, íßoß)* Ja, vielleicht.

Hier die Imperativ-(Befehls-)Formen der Verben, die in dieser Lektion vorkommen:

	Präsens	**Stamm II**	**Imperativ**	
			2. Pers. Sg.	*2. Pers. Pl.*
legen, anstellen	**βάζω** *wáso*	**βάλω** *wálo*	**βάλε** *wále*	**βάλτε** *wálte*
öffnen	**ανοίγω** *anígho*	**ανοίξω** *aníxo*	**άνοιξε** *ánixe*	**ανοίξτε** *aníxte*
nehmen	**παίρνω** *pérno*	**πάρω** *páro*	**πάρε** *páre*	**πάρτε** *párte*
nachschauen	**κοιτάζω** *kitáso*	**κοιτάξω** *kitáxo*	**κοίταξε** *kítaxe*	**κοιτάξτε** *kitáxte*
füllen	**γεμίζω** *jemíso*	**γεμίσω** *jemíßo*	**γέμισε** *jémiße*	**γεμίστε** *jemíßte*

Die Verneinung des Imperativs

Die Verneinung des Imperativs und des Konjunktivs (d. h. der **να**-Konstruktion) wird mit **μη(ν)** *(mi[n])* gebildet.
Dem deutschen verneinten Imperativ entspricht im Griechischen der Konjunktiv, d. h., er wird aus der Verneinungspartikel **μη(ν)** + Stamm II + Personalendungen des Präsens gebildet. Höflicher wird das ausgesprochene Verbot durch das Hinzufügen der Partikel **να**.

Μη βάλετε τη μπρός μηχανή! Stellen Sie den Motor nicht an!
mi wálete ti bróß miehaní

Μην ανοίξετε το καπώ! Öffnen Sie die Motorhaube nicht!
min aníxete to kapó

Να μη μείνετε στον ήλιο! Bleiben Sie nicht in der Sonne!
na mi mínete ßton ílio

Να μην έρθει. Er soll nicht kommen/Ich will nicht, daß er kommt.

Autoteile

η μηχανή *(i michaní)* Motor
το καπώ *(to kapó)* Motorhaube
το λάστιχο *(to láßticho)* Reifen
η ρόδα *(i ródha)* Rad
το φως *(to foß)* Licht
ο προβολέας *(o prowoléaß)* Scheinwerfer

το τιμόνι *(to timóni)* Lenkrad
το πορτμπαγκάζ *(to portbagás)* Kofferraum
η εξάτμιση *(i exátmißi)* Auspuff
το φλάς *(to flaß)* Blinker
η πόρτα *(i pórta)* Tür

ELPA ist der griechische Automobilclub und entspricht dem deutschen ADAC. Auch Touristen können seine Dienste relativ preiswert in Anspruch nehmen. Falls Sie Mitglied beim ADAC sind, können Sie die Dienste des ELPA kostenlos in Anspruch nehmen.

V. Übungen

1. Sagen Sie, was alles in Ihrem Fahrzeug kaputt ist.

Το καπώ   είναι χαλασμένο.   (Motorhaube)
to kapó   íne chalasméno

a) Reifen/Pl.
b) Motor

2. Setzen Sie **μήπως** oder **ίσως** richtig ein.

a) .... ξέρετε ένα συνεργείο εδώ κοντά;
.... *xérete éna ßinerghío edhó kondá*

b) .... είσαι Γάλλος; Όχι, είμαι Γερμανός.
.... *íße Gháloß   óchi, íme Jermanóß*

c) .... είναι το αυτοκίνητο χαλασμένο; Ναι, ...
.... *íne to aftokínito chalasméno   ne ...*

d) .... να είναι ανοιχτό τώρα.
.... *na íne anichtó tóra*

e) .... μπορείτε να κοιτάξετε τα λάδια;
.... *boríte na kitáxete ta ládhia*

3. Übersetzen Sie.

a) Der Motor springt nicht an.
b) Die Reifen haben nicht genug Luft.

c) Schauen Sie bitte nach dem Öl.
d) Gute Reise.
e) Das Auto ist fertig.
f) Stellen Sie den Motor an!
g) An der Tankstelle

4. Verneinen Sie bitte die folgenden Sätze.

Ανοίξτε το πουκάμισό σας! *aníxte to pukámißó‿ßaß*	Μην ανοίξετε το πουκάμισό σας. *min aníxete to pukámißó‿ßaß*
a) Γυρίστε πίσω και μπροστά! *jiríßte píßo ke broßtá*	....
b) Βάλτε μπρός! *wálte broß*	....
c) Ανοίξτε το καπώ! *aníxte to kapó*	....
d) Κοιτάξτε τα λάδια! *kitáxte ta ládhia*	....

Μάθημα εικοστό *máthima ikoßtó*

Η γιορτή/Η αναχώρηση *(i jiortí/i anachórißi)*

Der Namenstag/Die Feier/Der Abflug

I. Text

Η γιορτή

(i jiortí)

(Πέτρος: *Π.*; Μαριάννα: *Μ.*; Γιάννης: *Γ.*; Μαρία: *Μα.*; ένας συγγενής: ein Verwandter: *Σ.*

Σήμερα Παρασκευή 15 Αυγούστου είναι ονομαστική γιορτή
ßímera paraßkewí 15 (dhekapénde) Awghúßtu íne onomaßtikí jiortí
στην Ελλάδα. Είναι της Παναγίας. Όλες οι Μαρίες
ßtin Eládha íne tiß Panajíaß óleß i Maríeß
γιορτάζουν.
jiortásun

Η Μαριάννα και ο Πέτρος επισκέπτονται τη Μαρία, τη
i Mariána ke o Pétroß epißképtonde ti María, ti
γυναίκα του Γιάννη. Το σπίτι είναι γεμάτο, εκεί είναι πολλοί
jinéka tu Jiáni to ßpíti íne jemáto, ekí íne polí
συγγενείς και φίλοι. Όλοι θέλουν να γλεντήσουν. Έχουν
ßingeníß ke fíli óli thélun na ghlendíßun échun

μουσική και μπορεί κανείς να χορέψει. Ο Γιάννης χορεύει
mußikí ke borí kaníß na chorépßi o Jiániß choréwi
συρτάκι. Ένας μουσικός παίζει μπουζούκι.
ßirtáki énaß mußikóß pési busúki

M.: Χρόνια πολλά, Μαρία!
chrónia polá, María
Π.: Χρόνια πολλά, Μαρία!
chrónia polá, María
Ma.: Ευχαριστώ. Περάστε, καθήστε.
efcharißtó peráßte, kathíßte
Τι θέλετε να πιείτε;
ti thélete na pjíte
Π.: Από ένα ουζάκι και ένα νεράκι.
apó éna usáki ke éna neráki

Η Μαρία φέρνει τα ποτά.
i María férni ta potá

Σ.: Εμείς στην Ελλάδα γιορτάζουμε την ονομαστική
emíß ßtin Eládha jiortásume tin onomaßtikí
γιορτή, και εσείς στη Γερμανία;
jiortí, ke eßíß sti Jermanía
Π.: Εμείς στη Γερμανία γιορτάζουμε τα γενέθλια.
emíß ßti Jermanía jiortásume ta jenéthlia
Σ.: Στις γιορτές βλέπει κανείς όλους τους συγγενείς και
ßtiß jiortéß wlépi kaníß óluß tuß ßingeníß ke
γνωστούς πάλι και κάνουμε μεγάλο γλέντι.
ghnoßtúß páli ke kánume meghálo ghléndi
Λέμε τα νέα, μιλάμε για πολιτική, πίνουμε ένα, δύο
léme ta néa, miláme ja politikí, pínume éna, dhío
ουζάκια και τρώμε μεζεδάκι.
usákia ke tróme mesedháki
Π.: Ωραία! Στην Ελλάδα είναι τόσο ωραία!
oréa ßtin Eládha íne tóßo oréa
Γειά μας!
jiá maß
Σ.: Γειά μας!
jiá maß

Η Αναχώρηση
i anachórißi

(Πέτρος:*Π.;* Μαριάννα: *Μ.;* Stewardeß = αεροσυνοδός: *Α.*)

Ο Γιάννης πάει με το αυτοκίνητο τον Πέτρο και τη
o Jiániß pái me to aftokínito ton Pétro ke ti
Μαριάννα στο ανατολικό αεροδρόμιο.
Mariána ßto anatolikó aerodhrómio

Στο αεροδρόμιο
ßto aerodhrómio

Π.: Πω, πω . . ., Μαριάννα. Τόσος πολύς κόσμος είναι εδώ!
po, po, Mariána tóßoß políß kósmoß íne edhó

Μ.: Όλοι θέλουν να πάνε στη Στουτγκάρδη;
óli thélun na páne ßti Stutgárdhi

Π.: Ίσως. Πιάνω σειρά.
ίßoß piáno ßirá

. . .

Α.: Τα εισιτήριά σας, παρακαλώ.
ta ißitíriá‿ßaß, parakaló

Π.: Ορίστε.
oríßte

Α.: Είστε καπνιστές;
íßte kapnißtéß

Π.: Όχι.
óchi

Α.: Ορίστε, οι θέσεις 8 και 9. Η έξοδος γίνεται από την
oríßte, i théßiß 8 (ochtó) ke 9 (eniá) i éxodhoß jínete apó tin
πόρτα 5.
pórta pénde

Μετά από λίγο από το μεγάφωνο . . .
metá apó lígho apó to megháfono . . .
«Παρακαλώ οι επιβάτες για τη Στουτγκάρδη με την πτήση 108
parakaló i epiwáteß ja ti Stutgárdhi me tin ptíßi 108 (ekatonochtó)
να περάσουν στην έξοδο 5.
na peráßun ßtin éxodho 5 (pénde)
Σε λίγο αρχίζει η επιβίβαση».
ße lígho archísi i epiwíwaßi

M.: Οι διακοπές πέρασαν φέτος πολύ γρήγορα, Γιάννη.
i dhiakopéß péraßan fétoß polí ghríghora, Jiáni
Μας άρεσε πολύ στην Ελλάδα.
maß áreße polí ßtin Eládha

Π.: Σ' ευχαριστούμε για τη φιλοξενεία.
ß' ef~~ch~~arißtúme ja ti filoxenía
Του χρόνου θα ξαναέρθουμε πάλι.
tu ~~ch~~rónu tha xanaérthume páli

Γ.: Θα σας περιμένουμε
tha ßaß periménume

Π.: Και εσείς θα έρθετε στη Γερμανία.
ke eßíß tha érthete ßti Jermania

Γ.: Ευχαριστώ. Αντίο. Καλό ταξίδι.
ef~~ch~~arißtó andío kaló taxídhi

Π.: Αντίο!
andío

Μέσα στο αεροπλάνο
méßa ßto aeropláno

Π.: Κοίτα Μαριάννα, η θάλασσα, η Αίγινα, η Ακρόπολη ...
kíta Mariána, i thálaßa, i 'Ejina, i Akrópoli ...

M.: Αντίο Ελλάδα.
andío Eládha

II. Wortschatz

εικοστό	*ikoßtó*	zwanzigste
15. (δεκαπέντε) Αυγούστου	*dhekapénde Awghúßtu*	15. August
ο Αύγουστος	*o 'Awghußtoß*	August
ονομαστικός, -ή, -ό	*onomaßtikóß, -í, -ó*	Namens-
η γιορτή, -ές	*i jiortí, -éß*	die Feier
της Παναγίας	*tiß Panajíaß*	Mariä Himmelfahrt
όλες οι Μαρίες	*óleß i Maríeß*	alle Mädchen und Frauen, die Maria heißen
γιορτάζω *(I)*	*jiortáso*	feiern
γιορτάσω *(II)*	*jiortáßo*	
γιόρτασα	*jiórtaßa*	*(Aorist)*
επισκέφτομαι	*epißkéftome*	besuchen

γεμάτος, -η, -ο	*jemátoß, -i, -o*	voll
ο συγγενής, -είς	*o ßingeníß, -íß*	der Verwandte
όλοι	*óli*	alle
γλεντώ *(I)*	*ghlendó*	feiern
γλεντήσω *(II)*	*ghlendíßo*	
γλέντησα	*ghléndißa*	*(Aorist)*
κανείς	*kaníß*	man
χορεύω *(I)*	*~~ch~~oréwo*	tanzen
χορέψω *(II)*	*~~ch~~orépßo*	
χόρεψα	*~~ch~~órepßa*	*(Aorist)*
ο μουσικός, -οί	*o mußikóß, -í*	der Musiker
το συρτάκι	*to ßirtáki*	Syrtaki
παίζω *(I)*	*péso*	spielen
παίξω *(II)*	*péxo*	
έπαιξα	*épexa*	*(Aorist)*
το μπουζούκι	*to busúki*	die Bouzouki
χρόνια πολλά	*~~ch~~rónia polá*	alles Gute
τα ποτά	*ta potá*	die Getränke
τα γενέθλια	*ta jenéthlia*	der Geburtstag
ο γνωστός, -οί	*o ghnoßtóß, -í*	der Bekannte
πάλι	*páli*	wieder
το γλέντι, -ια	*to ghléndi, -ia*	die Feier
τα νέα	*ta néa*	die Neuigkeiten
η πολιτική	*i politikí*	die Politik
τόσο	*tóßo*	so
η αναχώρηση	*i ana~~ch~~órißi*	der Abflug
ανατολικό	*anatolikó*	östlich
η σειρά	*i ßirá*	die Reihe
το μεγάφωνο	*to megháfono*	der Lautsprecher
η πτήση	*i ptíßi*	der Flug
η αεροσυνοδός, -οί	*i aeroßinodhóß, -í*	die Stewardeß
ο καπνιστής, -ές	*o kapnißtíß, -éß*	der Raucher
περνώ *(I)*	*pernó*	verbringen
περάσω *(II)*	*peráßo*	
πέρασα	*péraßa*	*(Aorist)*
αρχίζω *(I)*	*archíso*	beginnen
αρχίσω *(II)*	*archíßo*	
άρχισα	*árchißa*	*(Aorist)*
η επιβίβαση	*i epiwíwaßi*	der Einstieg

φέτος	*fétoß*	dieses Jahr
μας άρεσε	*maß áreße*	es gefiel uns
ξαναέρχομαι *(I)*	*xanaér~~ch~~ome*	wiederkommen
ξαναέρθω *(II)*	*xanaertho*	
ξαναήρθα	*xanaírtha*	*(Aorist)*
το αεροπλάνο, -α	*to aeropláno, -a*	das Flugzeug
το παράθυρο, -α	*to paráthiro, -a*	das Fenster
η θάλασσα	*i thálaßa*	das Meer

Redewendungen

χρόνια πολλά	*(~~ch~~rónia polá)*	alles Gute
από ένα ούζο	*(apó éna úso)*	jeweils ein(en) Ouzo
του χρόνου	*(tu ~~ch~~rónu)*	nächstes Jahr
πιάνω σειρά	*(pjáno ßirá)*	sich anstellen (in der Reihe)

III. Übersetzung

Die Feier

(Maria: *Ma.*; Verwandter: *V.*)

Heute, Freitag den 15. August, ist Namenstag in Griechenland. Es ist Mariä Himmelfahrt. Alle Marias (die Maria heißen) feiern. Marianne und Peter besuchen Maria, die Frau von Johannes. Das Haus ist voll, dort sind viele Verwandte und Freunde. Alle möchten feiern.
Es gibt Musik, und man kann tanzen. Johannes tanzt Syrtaki. Ein Musiker spielt Bouzouki.
M.: Alles Gute, Maria! – *P.:* Alles Gute, Maria! – *Ma.:* Danke, kommt herein, setzt Euch. Was möchtet ihr trinken? – *P.:* Je einen Ouzo und ein Wässerchen.
Maria holt die Getränke.
V.: Wir in Griechenland feiern den Namenstag, und ihr in Deutschland? – *P.:* Wir in Deutschland feiern Geburtstag. – *V.:* Auf den Feiern sieht man alle die Verwandten und Bekannten wieder, und wir machen eine große Feier. Wir erzählen die Neuigkeiten, reden über Politik, trinken einen oder zwei Ouzo und essen Häppchen. – *P.:* Schön! In Griechenland ist es so schön! Zum Wohl! – *V.:* Zum Wohl!

20

Der Abflug

Am Samstag. Johannes fährt mit dem Auto Peter und Marianne zum östlichen Flughafen.

Im Flughafen

P.: Oh, Marianne! So viele Menschen sind hier!
M.: Wollen alle nach Stuttgart fliegen? – *P.:* Vielleicht. Ich stelle mich an.

(Stewardeß = *St.*)

St.: Ihre Flugtickets, bitte. – *P.:* Bitte sehr. – *St.:* Sind Sie Raucher? – *P.:* Nein. – *St.:* Bitte sehr, die Plätze 8 und 9. Der Ausgang ist am Tor 5.

Nach einer Weile aus dem Lautsprecher ...
»Bitte sehr, die Passagiere nach Stuttgart mit dem Flug 108 möchten zum Ausgang 5 kommen. In wenigen Minuten beginnt der Einstieg.«

M.: Die Ferien vergingen in diesem Jahr sehr schnell, Johannes. Es gefiel uns sehr in Griechenland. – *P.:* Wir danken Dir für die Gastfreundschaft. Nächstes Jahr kommen wir wieder. – *J.:* Wir werden auf Euch warten. – *P.:* Und ihr kommt nach Deutschland. – *J.:* Danke! Adieu, gute Reise. – *P.:* Adieu!

Im Flugzeug

P.: Schau, Marianne, das Meer, Ägina, die Akropolis. – *M.:* Adieu, Griechenland!

IV. Grammatik

Die Verkleinerungssilben

Die Verkleinerungssilbe **-άκι** *(áki)* kann an jedes Substantiv angehängt werden. Sie wird sehr häufig benutzt, z. B.:

κρασί – κρασάκι »Weinchen«
kraßí *kraßáki*
σπίτι – σπιτάκι Häuschen
ßpíti *ßpitáki*
νερό – νεράκι kleines Glas Mineralwasser
neró *neráki*

καφές – καφεδάκι »Käffchen«
kaféß *kafedháki*
ψωμί – ψωμάκι Brötchen
pßomí *pßomáki*

Neben der Verkleinerungssilbe **-άκι** gibt es die Silben **-ούλα** *(úla)*, **-ίτσα** *(ítsa)*, die aber nicht so häufig eingesetzt werden, z. B.:

μύτη *(míti)*	– μυτούλα *(mitúla)*	Näschen
Κατερίνα *(Katerína)*	– Κατερινούλα *(Katerinúla)*	Katrinchen
Ελένη *(Eléni)*	– Ελενίτσα *(Elenítsa)*	Helenchen

Mit diesen Formen sind nicht in jedem Fall auch wirkliche kleinere Dinge oder Mengen gemeint, sondern der Grieche benutzt sie, um etwas unverbindlicher, netter auszudrücken, oder oftmals auch, weil er bescheiden wirken will.

Die Monate

ο Ιανουάριος	*(o Ianuárioß*	Januar
ο Φεβρουάριος	*(o Fewruárioß)*	Februar
ο Μάρτιος	*(o Mártioß)*	März
ο Απρίλιος	*(o Aprílioß)*	April
ο Μάιος	*(o Máioß)*	Mai
ο Ιούνιος	*(o Iúnioß)*	Juni
ο Ιούλιος	*(o Iúlioß)*	Juli
ο Αύγουστος	*(o 'Awghußtoß)*	August
ο Σεπτέμβριος	*(o *Septémwrioß)*	September
ο Οκτώβριος	*(o Októwrioß)*	Oktober
ο Νοέμβριος	*(o Noémwrioß)*	November
ο Δεκέμβριος	*(o Dhekémwrioß)*	Dezember

Merken Sie sich:

τον Ιανουάριο	*(ton Ianuário)*	im Januar
το Φεβρουάριο	*(to Fewruário)*	im Februar usw.

Die Monatsnamen werden groß geschrieben. (Das gleiche gilt auch für die Wochentage).

* *stimmlos*

Bei Datumsangaben stehen die jeweiligen Monate im Genitiv, z. B.:

15. Αυγούστου *(dhekapénde Awghúßtu)* / 8. Σεπτεμβρίου *(o~~ch~~tó Septemwríu)* / 10. Ιουλίου *(dhéka Iulíu)*

Die Jahreszeiten

ο χειμώνας	*(o chimónaß)*	der Winter
η άνοιξη	*(i ánixi)*	der Frühling
το καλοκαίρι	*(to kalokéri)*	der Sommer
το φθινόπωρο	*(to fthinóporo)*	der Herbst

Die Indefinitpronomen «κανείς» *(kaníß)* und «τίποτε» *(típote)*

Die Verneinung wird im Griechischen (vgl. 9. Lektion) dadurch gebildet, daß man **δεν** vor das Verb setzt.
Die Indefinitpronomen (unbestimmte Fürwörter) ändern durch die Verbindung mit **δε(ν)** ihre Bedeutung.
Z. B.:

κανείς *(kaníß)* – jemand, man
δεν ... κανείς *(dhen ... kaníß)* – niemand

θέλετε τίποτε άλλο; *(thélete típote álo)*	Möchten Sie **etwas**?
Οχι, τίποτε. *(óchi, típote)*	Nein, **nichts**.

κανείς *(kaníß)*: im **negativen** Sinn heißt es »niemand, kein«, im **positiven** Sinn heißt es »jemand, man«

Beispiele:

Είναι κανείς εδώ; *íne kaníß edhó*	Ist jemand hier?
Κανείς δεν είναι εδώ. *kaníß dhen íne edhó*	Niemand ist hier.
Μπορεί κανείς να χορέψει. *borí kaníß na ~~ch~~orépßi*	Man kann tanzen.
Δεν μπορεί κανείς να χορέψει. *dhen borí kaníß na ~~ch~~orépßi*	Niemand kann tanzen.

V. Übungen

1. Bilden Sie die Verkleinerungsformen von folgenden Substantiven.

το ούζο *(to úso)* – το ουζάκι *(to usáki)*

a) το γλέντι *(to ghléndi)* – ....
b) το μπουζούκι *(to busúki)* – ....
c) το κρασί *(to kraßí)* – ....
d) το νερό *(to neró)* – ....
e) το σπίτι *(to ßpíti)* – ....

2. Beantworten Sie bitte folgende Fragen.

a) Πότε θα πάτε στην Ελλάδα; .... (im August)
póte tha páte ßtin Eládha
b) Πότε φεύγει το καράβι; .... (am Montag)
póte féwji to karáwi
c) Πότε θα πάτε στην Αίγινα; .... (im September)
póte tha páte ßtin 'Ejina
d) Πότε φεύγει το λεωφορείο; .... (am Sonntag)
póte féwji to leoforío
e) Πότε θα πάτε στη Γερμανία;........... (im Juni)
póte tha páte ßti Jermanía

3. Übersetzen Sie.

a) Wir möchten je einen kleinen Ouzo, bitte.
b) Heute ist Namenstag von Maria.
c) Ihre Flugtickets, bitte!
d) Alles Gute!
e) Wir erzählen die Neuigkeiten.
f) Sind Sie Raucher?
g) Nächstes Jahr werden wir wiederkommen.
h) Adieu Griechenland.
i) In Griechenland ist es so schön.
k) Wir reden über Politik.

Übungsschlüssel

1. Lektion

1. *П.:* Γειά σου, Αντρέα. *(jiá ßu, Andréa)* *A.:* Τι κάνεις; *(ti kániß)* *П.:* Ευχαριστώ, καλά, εσύ; *(efcharißtó, kalá, eßí)*

2. **a)** Γειά σου, Πέτρο. *(jiá ßu, Pétro)* **b)** Γειά σου, Αντρεά *(jiá ßu, Andréa)* **c)** Γειά σου, Μαριάννα *(jiá ßu, Mariána)* **d)** Γειά σου, Μαριάννα. *(jiá ßu, Mariána)* **e)** Γειά σου, Αντρέα. *(jiá ßu, Andréa)*

3.

Γειά σου, Μαρία!	Τι κάνεις;	– Ευχαριστώ, καλά.
jiá ßu, María	*ti kániß*	*efcharißto, kalá*
Γειά σου, Μαριάννα!	Τι κάνεις;	– Ευχαριστώ, καλά.
jiá ßu, Mariána	*ti kániß*	*efcharißto, kalá*
Γειά σου, Πέτρο!	Τι κάνεις;	– Ευχαριστώ, καλά.
jiá ßu, Pétro	*ti kániß*	*efcharißto, kalá*
Γειά σου, Αντρέα!	Τι κάνεις;	– Ευχαριστώ, καλά.
jiá ßu, Andréa	*ti kániß*	*efcharißto, kalá*
Γειά σου, ΄Αννα!	Τι κάνεις;	– Ευχαριστώ, καλά.
jiá ßu, 'Ana	*ti kániß*	*efcharißto, kalá*

4. **a)** Γειά σου, Πέτρο. *(jiá ßu, Pétro)* **b)** Τι κάνεις; *(ti kániß)* **c)** Ευχαριστώ, καλά, εσύ; *(efcharißtó, kalá, eßí)* **d)** Καλά, καλά. *(kalá, kalá)* **e)** Τι κάνετε εδώ; *(ti kánete edhó)* **f)** Γειά σου. *(jiá ßu)*

2. Lektion

1. **a)** Είμαι *(íme)* **b)** Είμαι **c)** Είμαι **d)** Είμαι **e)** Είμαι

2. *T.:* Είστε *(íßte)* – *M.:* είμαι *(íme)* – *T.:* είστε *(íßte)* – *M.:* Είμαι *(íme)* – *T.:* είναι *(íne)* – *M.:* είναι *(íne)*

3. **a)** Από πού είστε; *(apó pu íßte)* **b)** Εντάξει! *(endáxi)* **c)** Είστε Αγγλίδα; *(íßte Anglídha)* **d)** Είμαι από το Ντύσελντορφ *(íme apó to Dißeldorf)* **e)** Είμαι Γερμανίδα. *(íme Jermanídha)* **f)** Ευχαριστώ. Αντίο. *(efcharißtó andío)* **g)** Ορίστε. *(orißte)*

3. Lektion

1. **a)** είμαι *(íme)* **b)** είσαι *(íße)* **c)** είσαι *(íße)* **d)** είστε *(íßte)* **e)** είναι *(íne)*

2. μία μπύρα *(mía bíra)* – μία πορτοκαλάδα *(mía portokaládha)* – ένα ούζο *(éna úso)* – μία σόδα *(mía ßódha)* – ένα ποτήρι νερό *(éna potíri neró)* – μία ρετσίνα *(mía retßína)* – έναν καφέ *(énan kafé)*

3. **a)** ΄Οχι, τίποτα. Ευχαριστώ. *(óchi típota efcharißtó)* **b)** Εγώ θελω έναν καφέ ελληνικό, παρακαλώ. *(eghó thélo énan kafé elinikó, parakaló)* **c)** Μέτριο, παρακαλώ. *(métrio parakaló)*

4. **a)** έναν *(énan)* **b)** ο, ένα *(o, éna)* **c)** τον *(ton)* την *(tin)* **d)** μία *(mía)* **e)** η *(i)*

5. **a)** Καλημέρα! *(kaliméra)* **b)** Εγώ θέλω έναν καφέ ελληνικό, παρακαλώ. *(eghó thélo énan kafé elinikó, parakaló)* **c)** Μέτριο, γλυκό ή σκέτο; *(métrio, ghlikó i ßkéto)* – Μέτριο. *(métrio)* **d)** Εντάξει! Τίποτε άλλο; *(endáxi típote álo)* **e)** Πως σε λένε; – Με λένε Μαριάννα. *(poß ße léne me léne Mariána)* **f)** Από πού είσαι; *(apó pu íße)* **g)** Είμαι Γερμανίδα. *(íme Jermanídha)* **h)** Είμαι από τη Στουτγκάρδη. *(íme apó ti Stutgárdhi)* **i)** Οχι, τίποτα. Ευχαριστώ. *(óchi, típota efcharißtó)* **k)** Μάλιστα. *(málißta)* **l)** Ορίστε ο καφές και ένα ποτήρι νερό. *(orißte o kaféß ke éna potíri neró)*

4. Lektion

1. **a)** έχετε *(échete)* **b)** θέλω *(thélo)* **c)** κάνει *(káni)* **d)** κάνουν *(kánun)* **e)** έχουμε *(échume)*

2. – Έχετε γερμανικές εφημερίδες; *(échete jermanikéß efimerídheß)*
– Όχι, δεν έχετε γερμανικές εφημερίδες. *(óchi, dhen échete jermanikéß efimerídheß)*
– Θέλετε τσιγάρα; *(thélete tßighára)*
– Όχι, δε θέλετε τσιγάρα. *(óchi, dhe thélete tßighára)*
– Είσαι Γάλλος; *(íße Gháloß)*
– Όχι, δεν είσαι Γάλλος. *(óchi, dhen íße Gháloß)*
– Είστε Γερμανίδα; *(ißte Jermanídha)*
– Όχι, δεν είστε Γερμανίδα. *(óchi, dhen ißte Jermanídha)*

3. **a)** κάνει *(káni)*, κάνουμε *(kánume)*, κάνετε *(kánete)*, κάνουν *(kánun)*,
b) θέλεις *(théliß)*, θέλει *(théli)*, θέλουμε *(thélume)*, θέλετε *(thélete)*, θέλουν *(thélun)*
c) έχεις *(échiß)*, έχει *(échi)*, έχουμε *(échume)*, έχετε *(échete)*, έχουν *(échun)*

4. οι εφημερίδες *(i efimerídheß)*, τα τσιγάρα *(ta tßighára)*, τα ποτήρια *(ta potíria)*, οι κάρτες *(i kárteß)*, τα ούζα *(ta úsa)*, τα νερά *(ta nerá)*, οι μπύρες *(i bíreß)*

5. τέσσερις *(téßeriß)*, τρεις *(triß)*, δύο *(dhío)*, τρεις *(triß)*, ένα *(éna)*, τέσσερα *(téßera)*, ένα *(éna)*

5. Lektion

1. **a)** το *(to)* **b)** ο **c)** μία *(mía)* **d)** το *(to)* **e)** έναν *(énan)* **f)** μία *(mía)*

2. – Με το πρωινό μαζί; *(me to proïnó masí)* – Πόσο κάνει; *(póßo káni)*
– Έχετε ζεστό νερό; *(échete seßtó neró)*

3. **a)** Θέλουμε ένα δίκλινο δωμάτιο. *(thélume éna dhíklino dhomátio)*
b) Θέλουμε ένα δωμάτιο με μπάνιο. *(thélume éna dhomátio me bánio)*

c) Θέλουμε ένα δωμάτιο για τέσσερις ημέρες. *(thélume éna dhomátio ja téßeriß iméreß)*
d) Θέλουμε ένα δίκλινο δωμάτιο με πρωινό. *(thélume éna dhíklino dhomátio me proïnó)*

4. a) Το δωμάτιο είναι ωραίο. *(to dhomátio íne oréo)*
b) Έχετε ζεστό νερό; *(échete seßtó neró)*
c) Για τρεις ημέρες. *(ja triß iméreß)*
d) Μία στιγμή. *(mía ßtighmí)*
e) Με το πρωινό μαζί; *(me to proïnó masí)*
f) Το μπάνιο είναι μεγάλο και το κρεβάτι είναι καλό. *(to bánio íne meghálo ke to krewáti íne kaló)*
g) Το κλειδί σας. *(to klidhí ßaß)*

6. Lektion

1. a) λίγα *(lígha)*, άσπρα *(áßpra)* **b)** ωραία *(oréa)* **c)** φρέσκα *(fréßka)* **d)** πολλά *(polá)*, ωραία *(oréa)*

2. a) πάει *(pái)* **b)** Πάμε *(páme)* **c)** πάνε *(páne)* **d)** πάς *(paß)* **e)** Πάω *(páo)*

3. a) Θέλω δύο κόκκινα μήλα. *(thélo dhío kókina míla)*
b) Έχετε ωραία φρούτα. *(échete oréa frúta)*
c) Πόσο κάνουν όλα μαζί; *(póßo kánun óla masí)*
d) Τα σύκα είναι ωραία. *(ta ßíka íne oréa)*
e) Πέτρο, θέλεις λίγα άσπρα σταφύλια; *(Pétro théliß lígha áßpra ßtafília)*
f) Εδώ έχει πολλά φρέσκα λαχανικά. *(edhó échi polá fréßka lachaniká)*

4. a) εκατό *(ekató)* **b)** εξήντα έξι *(exínda éxi)* **c)** ογδόντα *(oghdhónda)* **d)** σαράντα δύο *(ßaránda dhío)* **e)** πενήντα οχτώ *(penínda ochtó)* **f)** τριάντα ένα *(triánda éna)* **g)** ενενήντα πέντε *(enenínda pénde)* **h)** τριάντα τέσσερα *(triánda téßera)* **i)** εβδομήντα *(ewdhomínda)* **k)** δεκαοχτώ *(dhekaochtó)* **l)** τριάντα τρία *(triánda tría)* **m)** σαράντα τέσσερα *(ßaránda téßera)*

5. μπάνια *(bánia)* – νερά *(nerá)* – καφέδες *(kafédheß)* – λογαριασμούς *(logariasmúß)* – μήλα *(míla)* – ημέρες *(iméreß)* – λάμπες *(lámbeß)*

7. Lektion

1. a) μέχρι *(méchri)* **b)** μέσα στο *(méßa ßto)* **c)** στην *(ßtin)* **d)** από *(apó)* **e)** στον *(ßton)* **f)** για *(ja)* **g)** στη *(ßti)*

2. a) πολλά *(polá)* **b)** πολλές *(poléß)* **c)** πολλές *(poléß)* **d)** πολλά *(polá)*

3. a) ωραία *(oréa)* **b)** καλά *(kalá)* **c)** κοντά *(kondá)* **d)** πολύ *(polí)*

4. **a)** Πόσο κοστίζει περίπου μέχρι την Ακρόπολη; *(póßo koßtísi perípu mé~~ch~~ri tin Akrópoli)*
b) Συγγνώμη, πού έχει εδώ κοντά ταξί για την Ακρόπολη; *(ßignómi, pu échi edhó kondá taxí ja tin Akrópoli)*
c) Θέλουμε δύο εισιτήρια. *(thélume dhío ißitíria)*
d) Ο Πέτρος δίνει στον ταξιτζή τα λεφτά. *(o Pétroß dhíni ßton taxidsí ta leftá)*
e) Θέλουμε να πάμε στην Ακρόπολη. *(thélume na páme ßtin Akrópoli)*
f) Εδώ απέναντι από το περίπτερο είναι η πιάτσα για ταξί. *(edhó apénandi apó to períptero íne i piátßa ja taxí)*
g) Εκεί έναι πολλά μαγαζιά και πολλές ταβέρνες. *(ekí íne polá maghasiá ke poléß tawérneß)*
h) Δεξιά είναι η Πλάκα. *(dhexiá íne i Pláka)*

5. **a)** διακόσιες είκοσι τρεις δρχ. *(dhiakóßieß íkoßi triß dhra~~ch~~méß)*
b) τριακόσιες δέκατέσσερις δρχ. *(triakóßieß dhékatéßeriß dhra~~ch~~méß)*
c) εξακόσιες ογδόντα οχτώ δρχ. *(exakóßieß oghdhónda o~~ch~~tó dhra~~ch~~méß)*
d) πεντακόσιες ογδόντα δρχ. *(pendakóßieß oghdhónda dhra~~ch~~méß)*
e) τριακόσιες εξήντα έξι δρχ. *(triakóßieß exínda éxi dhra~~ch~~méß)*
f) εκατό ογδόντα δρχ. *(ekató oghdhónda dhra~~ch~~méß)*
g) οχτακόσιες ογδόντα εννιά δρχ. *(o~~ch~~takóßieß oghdhónda eniá dhra~~ch~~méß)*
h) χίλιες δρχ. *(chíließ dhra~~ch~~méß)*
i) τετρακόσιες εβδομήντα πέντε δρχ. *(tetrakóßieß ewdhomínda pénde dhra~~ch~~méß)*
k) εφτακόσιες σαράντα τρεις δρχ. *(eftakóßieß ßaránda triß dhra~~ch~~méß)*

8. Lektion

1. έρχεσαι, έρχεται, ερχόμαστε, έρχεστε, έρχονται
ércheße érchete er~~ch~~ómaßte ércheßte ér~~ch~~onde

2. **a)** Ο Γιάννης έρχεται αμέσως. *(o Jiániß érchete améßoß)*
b) Χαίρω πολύ. *(chéro polí)* **c)** Χαίρετε. *(chérete)*
d) Είστε Γερμανοί; *(ißte Jermaní)* **e)** Καλησπέρα. Καλώς ήρθατε. *(kalißpéra kalóß írthate)* **f)** Περάστε. *(peráßte)*
g) Από 'δώ η γυναίκα μου, η Μαριάννα. *(apó dho i jinéka mu, i Mariána)*

3. – Καλώς ήρθατε, περάστε, παρακαλώ. *(kalóß írthate, peráßte, parakaló)*
– Τι θέλετε, καφέ ή πορτοκαλάδα; *(ti thélete, kafé i portokaládha)*
– Από 'δώ η γυναίκα μου. *(apó dho i jinéka mu)*
– Χαίρω πολύ. Με λένε Μαρία. *(chéro polí me léne María)*
– Εγώ θέλω έναν καφέ ελληνικό. *(eghó thélo énan kafé elinikó)*
– Και εγώ το ίδιο. *(ke eghó to ídhio)*

4. **a)** του Γιάννη *(tu Jiáni)* **b)** της Μαρίας *(tiß Maríaß)*
c) του Πέτρου *(tu Pétru)* **d)** της Άννας *(tiß 'Anaß)*

5. ο λογαριασμός του *(o loghariasmóß tu)* / η δραχμή της *(i dhra~~ch~~mí tiß)* / τα μήλα σας *(ta míla ßaß)* / τα σύκα σου *(ta ßíka ßu)* / η φίλη της *(i fíli tiß)* / το κρασί μας *(to kraßí maß)* / η εφημερίδα μου *(i efimerídha mu)* / η κάρτα σου *(i kárta ßu)* / η γυναίκα μου *(i jinéka mu)* / η λεμονάδα σας *(i lemonádha ßaß)*

9. Lektion

1. **a)** Όχι, δεν είμαι Γάλλος. *(óchi, dhen íme Gháloß)*
b) Όχι, δε θέλω καφέ ελληνικό. *(óchi, dhe thélo kafé elinikó)*
c) Όχι, δε θέλω πορτοκαλάδα. *(óchi, dhe thélo portokaládha)*
d) Όχι, δεν είμαι Γερμανός. *(óchi, dhen íme Jermanóß)*
e) Όχι, δεν είμαι από το Ντύσσελντορφ. *(óchi, dhen íme apó to Dißeldorf)*
f) Όχι, δεν πάει ο Πέτρος στο γραφείο ταξιδίων. *(óchi, dhen pái o Pétroß ßto ghrafío taxidhíon)*

2. **a)** τι *(ti)* **b)** πόσο *(póßo)* **c)** πως *(poß)* **d)** πότε *(póte)* **e)** από πού *(apó pu)*

3. **a)** κάθεται *(káthete)* **b)** περιμένει *(periméni)* **c)** είμαι *(íme)* είμαι *(íme)*
d) κάθεται *(káthete)* **e)** είναι *(íne)*

4. – ρωτώ, ρωτάς, ρωτά, ρωτάμε, ρωτάτε, ρωτάν(ε),
rotó, rotáß, rotá, rotáme, rotáte, rotán(e),
– μιλω, μιλάς, μιλά, μιλάμε, μιλάτε, μιλάν(ε)
miló miláß, milá, miláme, miláte, milán(e)

5. **a)** Σε μισή ώρα φεύγει το καράβι. *(ße mißí óra féwji to karáwi)*
b) Το καράβι φτάνει στην Αίγινα. *(to karáwi ftáni ßtin 'Ejina)*
c) Το καλοκαίρι έχει κάθε μέρα καράβια για τα νησιά. *(to kalokéri échi káthe méra karáwia ja ta nißiá)*
d) Το λεωφορείο περιμένει. *(to leoforío periméni)*

10. Lektion

1. **a)** δύο χιλιάδες πεντακόσιες δρχ. *(dhío chiliádheß pendakóßieß dhra~~ch~~méß)*
b) τρεις χιλιάδες πεντακόσιες δρχ. *(triß chiliádheß pendakóßieß dhra~~ch~~méß)*
c) έξι χιλιάδες οχτακόσιες τριάντα δρχ. *(éxi chiliádheß o~~ch~~takóßieß triánda dhra~~ch~~méß)*
d) δώδεκα χιλιάδες τριακόσιες σαράντα έξι δρχ. *(dhódheka chiliádheß triakóßieß ßaránda éxi dhra~~ch~~méß)*
e) τέσσερις χιλιάδες τριακόσιες πενήντα δρχ. *(téßeriß chiliádheß triakóßieß penínda dhra~~ch~~méß)*

f) πέντε χιλιάδες τετρακόσιες τριάντα οχτώ δρχ. *(pénde chiliádheß tetrakóßieß triánda o~~ch~~tó dhra~~ch~~méß)*
g) εφτά χιλιάδες τετρακόσιες τριάντα δύο δρχ. *(eftá chiliádheß tetrakóßieß triánda dhío dhra~~ch~~méß)*
h) οχτώ χιλιάδες εννιακόσιες δεκατρείς δρχ. *(o~~ch~~tó chiliádheß eniakóßieß dhekatríß dhra~~ch~~méß)*

2. a) να *(na)* **b)** θέλω *(thélo)* **c)** κάνει *(káni)* **d)** πιώ *(pjo)* **e)** θέλω *(thélo)*

3. a) Κοστίζει 250 δρχ. το ένα. *(koßtisi dhiakóßieß penínda dhra~~ch~~méß to éna)*
b) Η φωτογράφιση κοστίζει 50 δρχ. *(i fotoghráfißi koßtísi penínda dhra~~ch~~méß)*
c) Θέλω να πιώ μία λεμονάδα. *(thélo na pjo mía lemonádha)*
d) Εντάξει! Πάμε λοιπόν. *(endáxi páme lipón)*
e) Κάνει πολλή ζέστη. *(káni polí séßti)*

11. Lektion

1. a) κύριε Θωμά *(kírie Thomá)* **b)** Άννα *('Ana)* **c)** κυρία Άννα *(kiría 'Ana)* **d)** Πέτρο *(Pétro)* **e)** κύριε Πέτρο *(kírie Pétro)* **f)** Μαριάννα *(Mariána)* **g)** κυρία Μαριάννα *(kiría Mariána)*

2. a) δέκα και μισή *(dhéka ke mißí)*
b) έντεκα και τέταρτο *(éndeka ke tétarto)*
c) στις μία παρά τέταρτο *(ßtiß mía pará tétarto)*
d) στις έξι και είκοσι *(ßtiß éxi ke íkoßi)*
e) στις εννιά παρά είκοσι πέντε *(ßtiß eniá pará íkoßi pénde)*
f) στις δέκα παρά πέντε *(ßtiß dhéka pará pénde)*

3. a) 8:15 **b)** 8:30 **c)** 16:45 **d)** 3:10 **e)** 5:55

4. a) στις δύο και είκοσι *(ßtiß dhío ke íkoßi)*
b) στις δέκα και δέκα *(ßtiß dhéka ke dhéka)*
c) στις είκοσι και δεκαπέντε *(ßtiß íkoßi ke dhekapénde)*
d) δέκαέξι και δεκαεφτά *(dhékaéxi ke dhekaeftá)*
e) στις δεκατρείς και πενήντα πέντε *(ßtiß dhekatríß ke penínda pénde)*

5. a) Πότε φεύγει το λεωφορείο; *(póte féwji to leoforío)*
b) Στις δέκα και μισή. *(ßtiß dhéka ke mißí)*
c) Θέλω δύο εισιτήρια απλά. *(thélo dhío ißitíria aplá)*
d) Χωρίς επιστροφή. *(~~ch~~oríß epißtrofí)*
e) Ξέρετε ένα καλό ξενοδοχείο; *(xérete éna kaló xenodhochío)*
f) Ο ξενοδόχος είναι ο φίλος μας. *(o xenodhóchoß íne o fílos maß)*

12. Lektion

1. b) πιο ωραία τσάντα – η πιο ωραία τσάντα
(pjo oréa tßánda i pjo oréa tßánda)
c) πιο ωραία βιτρίνα – η πιο ωραία βιτρίνα
(pjo oréa witrína i pjo oréa witrína)

d) πιο φρέσκα φρούτα – τα πιο φρέσκα φρούτα
(pjo fréßka frúta ta pjo fréßka frúta)
e) πιο γλυκά σύκα – τα πιο γλυκά σύκα
(pjo ghliká ßíka ta pjo ghliká ßíka)
f) πιο ωραία μήλα – τα πιο ωραία μήλα
(pjo oréa míla ta pjo oréa míla)

2. a) σου *(ßu)* **b)** μου *(mu)* **c)** μου *(mu)* **d)** σας *(ßaß)*

3. a) Θέλω δύο φιλμ για τη φωτογραφική μηχανή. *(thélo dhío film ja ti fotoghrafikí miehaní)*
b) Μου είναι λίγο μικρά. *(mu íne lígho mikrá)*
c) Έχετε ωραίες τσάντες *(échete oréeß tßándeß)*
d) Μου αρέσει πολύ. *(mu aréßi polí)*
e) Θέλω αυτά τα γυαλιά τα μπλε. *(thélo aftá ta jialiá ta ble)*

4. a) πιο μεγάλα *(pjo meghála)* **b)** πιο καλό *(pjo kaló)*
c) τα πιο καλά *(ta pjo kalá)* **d)** πιο ωραία *(pjo oréa)*
e) πιο γλυκά *(pjo ghliká)* **f)** τα πιο ωραία *(ta pjo oréa)*

13. Lektion

1. a) τηλεφωνήσει *(tilefoníßi)* **b)** μιλήσω *(milíßo)* **c)** φάμε *(fáme)*
d) πάρει *(pári)* **e)** δώσουμε *(dhóßume)*

2. a) τηλεφωνήσει *(tilefoníßi)* **b)** πάρετε *(párete)*
c) ξαναπάρω *(xanapáro)* **d)** έρθω *(értho)*

3. a) Μία στιγμή *(mía ßtighmí)*
b) Πού μπορούμε να δώσουμε ραντεβού; *(pu borúme na dhóßume randewú)*
c) Θα έρθω στο ξενοδοχείο σας. *(tha értho ßto xenodhochío ßáß)*
d) Το τηλέφωνο βουίζει συνέχεια. *(to tiléfono wuísi ßinéchia)*

14. Lektion

1. a) Το καράβι που πάει στην Αίγινα. *(to karáwi pu pái ßtin 'Ejina)*
b) Λένε ότι η φωτογραφική μηχανή που έχει είναι καλή. *(léne óti i fotoghrafikí miehaní pu échi íne kalí.*
c) Το ούζο που πίνουμε. *(to úso pu pínume)*
d) Ο μεζές που τρώμε. *(o meséß pu tróme)*

2. a) να πιούμε *(na pjúme)* **b)** να πιώ *(na pjo)* **c)** να πιεί *(na pjí)*
d) να πιείτε *(na pjíte)* **e)** να φάω *(na fáo)* **f)** να φάμε *(na fáme)*
g) να φάτε *(na fáte)*

3. a) Απόψε θέλουμε να πιούμε ούζο. *(apópße thélume na pjúme úso)*
b) Τι έχετε για μεζέ; *(ti échete ja mesé)*
c) Η ρετσίνα μας αρέσει. *(i retßína maß aréßi)*
d) Το λογαριασμό, παρακαλώ. *(to loghariasmó, parakaló)*
e) Όλα μαζί; *(óla masí)*

f) Όλα μαζί κάνουν 4500 δρχ. *(óla masí kánun téßeriß chiliádheß pendakóßieß dhrachméß)*
g) Θα παραγγείλω ψάρι. *(tha parangílo pßári)*
h) Καλή όρεξη. *(kalí órexi)*
i) Ορίστε ο κατάλογος. *(oríßte o katáloghoß)*

Kreuzworträtsel

1. τσιγάρα *(tßighára)* **2.** κάνω *(káno)* **3.** βράδυ *(wrádhi)* **4.** μετά *(metá)* **5.** ραντεβού *(randewú)* **6.** μπαρμπούνι *(barbúni)* **7.** αύριο *(áwrio)*

								Τ	Σ	Ι	Γ	Α	Ρ	Α	
							Κ	*Α*	Ν	Ω					
								Β	Ρ	Α	Δ	Υ			
							Μ	*Ε*	Τ	Α					
								Ρ	Α	Ν	Τ	Ε	Β	Ο	Υ
Μ	Π	Α	Ρ	Μ	Π	Ο	Υ	*Ν*	Ι						
								Α	Υ	Ρ	Ι	Ο			

Lösung: ταβέρνα *(tawérna)* Taverne

15. Lektion

1. a) πήγαμε *(píghame)* **b)** φάγαμε *(fághame)*, ήπιαμε *(ípiame)*
c) πέρασε *(péraße)* **d)** ψωνίσαμε *(pßoníßame)* **e)** είδαμε *(ídhame)*
f) πήρα *(píra)* **g)** πλήρωσες *(plíroßeß)*

2. a) έφαγε *(éfaghe)* **b)** τρώει *(trói)* **c)** θα φάει *(tha fái)* **d)** φάει *(fái)*
e) ήπιε *(ípie)* **f)** πίνει *(píni)* **g)** θα πιεί *(tha pjí)* **h)** πιεί *(pjí)*

3. a) τηλεφώνησα *(tilefónißa)* – θα τηλεφωνήσω *(tha tilefoníßo)*
b) έδωσα *(édhoßa)* – θα δώσω *(tha dhóßo)*
c) μίλησα *(mílißa)* – θα μιλήσω *(tha milíßo)*
d) έφαγα *(éfagha)* – θα φάω *(tha fáo)*
e) πήγα *(pígha)* – θα πάω *(tha páo)*
f) πήρα *(píra)* – θα πάρω *(tha páro)*
g) ήρθα *(írtha)* – θα έρθω *(tha értho)*

4. Γειά σας *(jiá ßaß)* – Είναι ωραία στην Ελλάδα. *(íne oréa ßtin Eládha)* – Κάνει πολλή ζέστη *(káni polí séßti)* – Ο καιρός πέρασε γρήγορα. *(o keróß péraße ghríghora)* – Αύριο θα φύγουμε για τη Γερμανία. *(áwrio tha fíghume ja ti Jermanía)* – Πολλούς χαιρετισμούς. *(polúß cheretismúß)*

5. a) Ο καιρός πέρασε γρήγορα. *(o keróß péraße ghríghora)*
b) Την Παρασκευή ελπίζουμε να σας δούμε. *(tin Paraßkewí elpísume na ßaß dhúme)*

c) Πολλούς χαιρετισμούς. *(polúß cheretismúß)*
d) Μας αρέσει πολύ εδώ στην Αίγινα. *(maß aréßi polí edhó ßtin 'Ejina)*
e) Γνωρίσαμε ένα ζευγάρι Ελλήνων. *(ghnoríßame éna sewghári Elínon)*
f) Το Σάββατο θα φύγουμε για τη Γερμανία. *(to Sáwato tha fíghume ja ti Jermanía)*
g) Μέχρι τότε. *(mé~~ch~~ri tóte)*

16. Lektion

1. a) Εδώ θα πάτε ευθεία, στο φανάρι, δεξιά και *(edhó tha páte efthía, ßto fanári, dhexiá ke)*
στην οδό Κορίνθου αριστερά. Εκεί είναι η τράπεζα. *(ßtin odhó Korínthu arißterá ekí íne i trápesa)*
b) Εδώ θα πάτε ευθεία και αμέσως στο δεύτερο δρόμο δεξιά. *(edhó tha páte efthía ke améßoß ßto dhéftero dhrómo dhexiá)*
Εκεί θα πάτε ευθεία και αριστερά είναι το ταχυδρομείο. *(ekí tha páte efthía ke arißterá íne to tachidhromío)*

2. στείλω *(ßtílo)*, Γερμανία *(Jermanía)*; γραμματόσημα *(ghramatóßima)*, χρειάζομαι *(~~ch~~riásome)*; χρειάζεστε *(~~ch~~riáseßte)*, 100 δραχμών *(ekató dhra~~ch~~món)*; κοστίζουν *(koßtísun)*; όλα μαζί 900 δρχ. *(óla masi eniákóßießß dhra~~ch~~méß)*; Ορίστε *(oríßte)*, γραμματοκιβώτιο *(ghramatokiwótio)*; έξοδο *(éxodho)*

3. αλλάξω *(aláxo)*; να αλλάξω *(na aláxo)*, μετρητά *(metritá)*; διαβατήριό σας *(dhiawatírió ßaß)*; τα λεφτά *(ta leftá)*

4. a) Συγγνώμη, ξέρετε πού είναι μία τράπεζα εδώ κοντά; *(ßignómi, xérete pu íne mia trápesa edhó kondá)*
b) Θέλω να στείλω 12 κάρτες στη Γερμανία. *(thélo na ßtílo dhódheka kárteß ßti Jermanía)*
c) Μπορώ να αλλάξω μάρκα σε δραχμές; *(boró na aláxo márka ße dhra~~ch~~méß)*
d) Μπορώ να δω το διαβατήριό σας? *(boró na dho to dhiawatírió ßaß)*
e) Θέλω τρία γραμματόσημα των 100 δρχ. *(thélo tría ghramatóßima ton ekató dhra~~ch~~món)*

5. Kreuzworträtsel:
1. ΔΡΑΧΜΗ *(dhra~~ch~~mí)* **2.** ΤΡΑΠΕΣΑ *(trápesa)* **3.** ΕΞΗΝΤΑ *(exínda)* **4.** ΑΝΤΙΟ *(andío)* **5.** ΑΡΙΣΤΕΡΑ *(arißterá)*

				Δ	Ρ	Α	Χ	Μ	Η		
Τ	Ρ	Α	Π	*Ε*	Σ	Α					
			Ε	*Ξ*	Η	Ν	Τ	Α			
	Α	Ν	Τ	*Ι*	Ο						
				Α	Ρ	Ι	Σ	Τ	Ε	Ρ	Α

Lösung:
ΔΕΞΙΑ *(dhexiá)* rechts

17. Lektion

1. **a)** με *(me)* **b)** μας *(maß)* **c)** με *(me)* **d)** μου *(mu)* **e)** σε *(ße)*

2. **a)** Δεν είμαι καλά. *(dhen íme kalá)* **b)** Περαστικά. *(peraßtiká)*
   c) Έχω πονοκέφαλο. *(écho ponokéfalo)*
   d) Με πονάει η κοιλιά μου. *(me ponái i kiliá mu)*
   e) Έχετε διάρροια; *(échete diária)*
   f) Το ελληνικό κρασί είναι τόσο ωραίο. *(to elinikó kraßí íne tóßo oréo)*
   g) Αισθάνεστε άσχημα; *(eßtháneßte áßchima)*
   h) Τι πρέπει να κάνω γιατρέ; *(ti prépi na káno jatré)*

3. **a)** καθήστε! *(kathíßte)* **b)** ανοίξτε *(aníxte)* **c)** δώστε *(dhóßte)*
   d) αναπνεύστε *(anapnéfßte)* **e)** εκπνεύστε *(ekpnéfßte)*
   f) γυρίστε *(jiríßte)*

4. **a)** Με πονάει το στομάχι μου. *(me ponái to ßtomáchi mu)*
   b) Με πονάει το κεφάλι μου. *(me ponái to kefáli mu)*
   c) Με πονάει το αυτί μου. *(me ponái to aftí mu)*
   d) Με πονάει η κοιλιά μου. *(me ponái i kiliá mu)*
   e) Με πονάει το πόδι μου. *(me ponái to pódhi mu)*
   f) Με πονάει ο λαιμός μου. *(me ponái o lemós mu)*

18. Lektion

1. **a)** ένα αυτοκίνητο. *(éna aftokínito)*
   b) να νοικιάσουμε ένα μεγάλο αυτοκίνητο. *(na nikiáßume éna megháló aftokínito)*
   c) να νοικιάσω ένα ποδήλατο. *(na nikiáßo éna podhílato)*
   d) να νοικιάσεις μία μοτοσικλέτα. *(na nikiáßiß mía motoßikléta)*
   e) να νοικιάσετε μία βάρκα. *(na nikiáßete mía warka)*
   f) να νοικιάσουν ένα γάιδαρο. *(na nikiáßun éna gháidharo)*
   g) να νοικιάσει ένα λεωφορείο. *(na nikiáßi éna leoforío)*

2. **a)** ήμουν *(ímun)* **b)** ήμασταν *(ímaßtan)* **c)** ήταν *(ítan)*
   d) ήμασταν *(ímaßtan)*

3. **a)** πολύ ακριβά *(polí akriwá)* **b)** πολύ καλά *(polí kalá)*
   c) πιο καλά *(pjo kalá)* **d)** πιο ακριβά *(pjo akriwá)*

4. **a)** Θέλουμε να νοικιάσουμε ένα αυτοκίνητο. *(thélume na nikáßume éna aftokínito)*
   b) Χρειάζομαι το δίπλωμα οδηγήσεως και το διαβατήριό σας. *(chriásome to dhíploma odhijíßeoß ke to dhiawatírió ßaß)*
   c) Ορίστε τα κλειδιά σας! *(oríßte ta klidhiá ßaß)*
   d) Πόσο κοστίζει την ημέρα; *(póßo koßtísi tin iméra)*
   e) Θέλουμε ένα μικρό αυτοκίνητο για δύο άτομα. *(thélume éna mikró aftokínito ja dhío átoma)*
   f) Το αυτοκίνητο είναι ασφαλισμέμο. *(to aftokínito íne aßfalisméno)*

19. Lektion

1. **a)** Τα λάστιχα είναι χαλασμένα. *(ta láßti~~ch~~a íne ~~ch~~alasména)*
   b) Η μηχανή είναι χαλασμένη. *(i mi~~ch~~aní íne ~~ch~~alasméni)*

2. **a)** μήπως *(mípoß)* **b)** μήπως **c)** μήπως, ίσως *(íßoß)* **d)** μήπως
   e) μήπως

3. **a)** Η μηχανή δεν παίρνει μπρός. *(i mi~~ch~~aní dhen pérni broß)*
   b) Τα λάστιχα δεν έχουν αρκετό αέρα. *(ta láßti~~ch~~a dhen é~~ch~~un arketó aéra)*
   c) Κοιτάξτε και τα λάδια. *(kitáxte ke ta ládhia)*
   d) Καλό ταξίδι. *(kaló taxídhi)*
   e) Το αυτοκίνητο είναι εντάξει. *(to aftokínito íne endáxi)*
   f) Βάλτε μπρός τη μηχανή! *(wálte broß ti mi~~ch~~aní)*
   g) Στο βενζινάδικο *(ßto wensinádhiko)*

4. **a)** Μη γυρίσετε πίσω και μπροστά! *(mi jirißete píßo ke broßtá)*
   b) Μη βάλετε μπρός! *(mi wálete broß)*
   c) Μην ανοίξετε το καπώ! *(min aníxete to kapó)*
   d) Μην κοιτάξετε τα λάδια! *(min kitáxete ta ládhia)*

20. Lektion

1. **a)** το γλεντάκι *(to ghlendáki)* **b)** το μπουζουκάκι *(to busukáki)*
   c) το κρασάκι *(to kraßáki)* **d)** το νεράκι *(to neráki)*
   e) το σπιτάκι *(to ßpitáki)*

2. **a)** Τον Αύγουστο *(ton 'Awghußto)* **b)** Τη Δευτέρα *(ti Dheftéra)*
   c) Το Σεπτέμβριο *(to *Septémwrio)* **d)** Την Κυριακή *(tin Kiriakí)*
   e) Τον Ιούνιο *(ton Iúnio)*

3. **a)** Θέλουμε από ένα ούζακι, παρακαλώ. *(thélume apó éna úsaki parakaló)*
   b) Σήμερα είναι η ονομαστική γιορτή της Μαρίας. *(ßímera íne i onomaßtikí jiortí tiß Maríaß)*
   c) Τα εισιτήριά σας, παρακαλώ! *(ta ißitíriá ßaß parakaló)*
   d) Χρόνια πολλά. *(~~ch~~rónia polá)* **e)** Λέμε τα νέα. *(léme ta néa)*
   f) Είστε καπνιστές; *(ißte kapnißtéß)*
   g) Του χρόνου θα ξαναέρθουμε πάλι. *(tu ~~ch~~rónu tha xanaérthume páli)*
   h) Αντίο Ελλάδα. *(andío Eládha)*
   i) Στην Ελλάδα είναι τόσο ωραία. *(ßtin Eládha íne tóßo oréa)*
   k) Μιλάμε για πολιτική. *(miláme ja politikí)*

---

* *s = stimmlos*

Grammatikregister